KB205444

따뜻한 경험

상처 입은 현대인을 위한 돌봄 목회

흐뭇한 이야기

따뜻한 경험 경험
흐뭇한 이야기

상처 입은 현대인을 위한 돌봄 목회

kmc

시작하는 말 : 사람들이 왜 교회에 나올까?

교회의 가장 중요한 사명은 영혼 돌봄과 영혼 치유다. 교회는 시대 시대마다 상처 입은 영혼들을 돌보고 치유해 왔다. 상처 입은 영혼들은 교회를 찾아왔고 교회에서 돌봄과 치유를 받았다. 돌봄받고 치유받은 영혼들은 힘든 삶을 견디면서 힘있게 살아갔다. 그러나 안타깝게도 교회가 예전처럼 영혼 돌봄과 영혼 치유의 장이 되지 못하는 것 같다. 상처 입은 영혼들이 교회를 잘 찾아오지 않는다. 교회를 찾아온 상처 입은 영혼들도 충분한 돌봄과 치유를 받지 못해 실망한다. 교회가 영혼을 돌보는 것보다 더 귀한 일이 무엇인가? 외롭고 슬픈 영혼을 보살피는 것보다 더 중요한 일이 무엇인가? 상처 입은 영혼을 치유하는 것보다 더 소중한 일은 무엇인가?

초기 한국 교회 목회의 큰 주제는 구령救靈, 즉 '영혼 구원'이었다. 영혼 구원의 대상은 신분이 비천하고 힘겹게 살아가는 사람들이었다. 교회는 애틋한 마음을 가지고 그들을 찾아갔고 예수님 앞으로 초대했다. 목회자는 그들의 이야기에 귀를 기울였고, 딱한 처지를 안타까워했고, 그들을 위해 기도하며 정성으로 보살폈다. 목회자는 부모처럼 그들을 보살폈으며, 그들은 목회자를 전적으로 신뢰하고 의지했다. 스스로 비참하다고 여기던 사람들은 교회와 목회자를 통해 위로와 희망을 얻고 새로운 삶을 시작했다. '영혼 구원' 목회는 수많은 감동적인 이야기를 만들어 냈다. 참으로 존경할 만하고 헌신적이고 신령한 목회자들의 돌봄을 받고 새로운 삶을 시작한 사람들의 이야기는 언제 들어도 감동적이다.

1970대년 이후 사회가 경제적으로 성장하면서 교회는 '영혼 구원' 대신 '교회 성장'을 가장 중요한 사명으로 삼았다. 교회마다 다양한 전도 프로그램을 시행했다. 그 결과 한국 교회는 양적으로 크게 부흥했다. '교회 성장' 목회는 세계 교회 역사에 남을 만한 많은 이야기를 만들어 냈다. 이 때 대형 교회들이 생겨났고 거대한 교회 건물들이 세워졌다. 그러나 이 시기에 교회는 양적으로는 성장했지만 영적으로는 하락했다. 교회 성장 이야기는 1980년대까지 계속되었다.

1990년대에 들어오면서 교회 성장은 주춤하기 시작했고, 2000년대 이후에는 교인 수가 감소하고 있는 추세다. 그뿐만 아니라 교회의 존재 이유까지 흔들리고 있다. 교회가 더 이상 영혼을 돌보는 곳이 아니라는 생각 때문일 것이다. 경쟁사회에서 지친 사람들이 돌봄과 치유를 기대하고 교회를 찾아왔으나 그들에게 교회는 세상과 크게 달라 보이지 않았다. 목회자는 영혼의 목자라기보다 경영자^{CEO}나 매니저처럼 보였다. 그들 중에는 실망하고 교회를 떠난 사람들도 있으며, 교회를 찾아오는 사람들의 숫자 또한 줄어들었다.

한국 교회의 양적 감소는 교회 성장의 관점에서 보면 한국 교회의 위기일 수 있다. 그러나 다른 관점에서 보면 오히려 영혼 돌봄과 영혼 치유에 치중할 수 있는 좋은 기회다. 지치고 상한 영혼들은 교회가 좀 더 영적 공동체가 되고 목회자가 영혼 돌봄과 영혼 치유의 전문가가 되기를 원한다. 지금도 곤한 영혼들, 텅 빈 영혼들, 상처 입은 영혼들이 교회, 목회자 그리고 목회상담자를 찾아온다. 교회는 상처 입은 영혼들이 찾아와서 쉼과 돌봄을 받을 수 있는 따뜻한 곳이 되어야 한다. 목회자는 그들에게 따뜻한 돌봄을 제공해야 한다. 목회상담자는 상처 입은 영혼들을 치료하는 전문가가 되어야 한다. 교회는 교회 안팎의 상처 입은 영혼들을 치료하고 돌보아야 한다. 교회는 영혼 돌봄과 영혼 치유의 이야기, 그리고 돌봄받고 치유받은 영혼들의 이야기로 넘쳐나야 한다.

『따뜻한 경험 흐뭇한 이야기』는 그동안 목회자, 목회상담자 그리고 목회상담학 교수로 일하면서 얻은 경험에서 나왔다. 수많은 사람들, 특히 상처 입은 사람들의 이야기를 듣다 보면 똑같은 질문을 하게 된다. "왜 사람들이 힘들어하나?" "무엇이 사람들을 슬프고 외롭게 만드나?" "왜 사람들의 상처가 낫지 않나?" 그들에게 따뜻한 경험이 없기 때문이다. 아픔과 슬픔의 표현은 달라도 그 밑바탕에는 따뜻한 경험의 부재不在 혹은 불충분이 자리잡고 있다. 따뜻한 경험은 고사하고 학대받고 무시당하고 거절당한 경험들만 가득하다. "어떻게 하면 그들의 상처가 치유될 수 있나?" "무엇으로 그들의 외로움과 슬픔을 달래 줄 수 있나?" 이에 대한 대답도 마찬가지다. 그들이 다시 따뜻한 경험을 하면 그들의 상처가 치유되고 외로움과 슬픔도 견딜 수 있게 된다. 더 나아가 따뜻한 경험을 한 사람들은 상처가 치유될 뿐만 아니라 흐뭇한 이야기도 만들어 갈 수 있다. 이제까지의 그들의 이야기는 주로 상처 입은 이야기, 빈약한 이야기 혹은 초라한 이야기였다. 그러나 그들이 다시 따뜻한 경험을 하면 흐뭇한 이야기, 풍성한 이야기, 의미 있는 이야기를 만들어 갈 수 있게 된다.

사람들이 왜 교회에 나올까? 하나님의 따뜻한 사랑을 받고 싶어서다. 목회자와 교인들의 따뜻한 돌봄을 받고, 교회에서 따뜻한 경험을 하고 싶어서다. 교회는 사람을 죄인, 즉 용서의 대상으로 보아 왔다. 물론 인간은 죄인이기 때문에 용서가 필요하다. 그러나 먼저 잠깐 그들의 눈과 얼굴을 바라보고 그들의 거친 손을 잡아보면 그들은 참으로 힘겹게 살아가는 사람들, 누군가의 위로와 돌봄이 필요한 사람들이라는 것을 금방 알 수 있다. 그들 가운데는 집중적으로 치료를 받아야 할 만큼 마음에 큰 상처를 지닌 사람들도 많다. 따뜻한 경험을 얻으면 그들은 거친 세상에서 힘있게 살아갈 수 있을 뿐만 아니라 누가 시키지 않아도 흐뭇한 행동을 하고 흐뭇한 이야기를 만들어 낼 수 있다.

왜 사람들이 상담실의 문을 두드리나? 따뜻한 경험이 그리워서다. 지나온 날의 삶에서 따뜻한 경험이 없었기 때문에 생긴 텅 빈 마음을 채울 수 있을까 해서다. 살아오면서 학대받고 외면당하면서 얻은 마음의 상처를 치유받기 위해서다. 상담자가 내담자를 기다려 주고 환대해 주고 따뜻하게 대해 주면서 상담하면 그 사람의 상처가 나을 뿐만 아니라 자신의 삶의 이야기를 주체적으로 만들어 갈 수 있다. 상처 입은 영혼에 대한 따뜻한 보살핌이 있는 곳에, 하나님의 따뜻한 은총이 임재한다. 또한 그 은총은 외로운 영혼을 감싸 주고 상처 입은 영혼을 보살펴 주는 사람에게도 임한다.

따뜻한 경험을 기대하며 교회를 찾아온 사람들을 맞이하는 목회자들과 상담실의 문을 두드리는 사람들을 돌보고 치유하는 상담전문가들을 생각하며 이 책을 내게 되었다. 이 책은 2012년 일 년 동안『기독교사상』에 '돌봄의 목회'라는 주제로 연재했던 내용을 조금 수정하여 정리한 것이다. 지면을 허락해 준『기독교사상』과 편집장인 홍승표 목사에게 감사드린다. 연재하는 동안 많은 교인들과 내담자들의 얼굴들이 떠올랐다. 그들과의 만남의 경험과 나누었던 이야기들이 이 책의 기초가 되었다. 이 책의 주제들은 이화여자대학교 기독교학과 대학원과 신학대학원의 수업에서 토론하면서 그 내용이 더욱 풍성해졌다. 수업에 참석해 준 대학원생들에게 감사드린다. 우리나라에서 영혼 돌봄과 영혼 치유를 위해 기도하며 실천하는 목회/기독교 상담전문가들에게 감사드린다. 이 책의 글을 매끄럽게 다듬어 준 조교들에게 고마움을 표한다. 이 책을 기꺼이 출판해 준 감리회 본부 출판국의 손인선 총무 대리와 편집실에 감사드린다. 이 책이 우리 교회가 이 시대의 상처 입은 영혼들을 돌보고 치유하는 사명을 감당하는 데 조금이라도 도움이 될 수 있다면 책을 쓴 보람이 될 것이다.

2013년 새봄을 기다리며 손 운 산

차 례

사람들이 엄마를 만나러 교회에 온다. 엄마를 잃어버린 사람들,

엄마의 품이 그리운 사람들, 엄마의 손길을 받지 못해 초라해진

사람들, 엄마가 돌아오기를 기다리다 지친 사람들, 엄마가 없다

고 놀림받는 사람들, 엄마에게 사랑은 고사하고 학대받는 사람

들이 교회에 찾아온다. 엄마의 목소리를 듣고 싶어서, 엄마가 부

르는 노래를 듣고 싶어서, 엄마의 기도소리를 듣고 싶어서, 따

뜻한 엄마를 만날 수 있을 것 같아서다. 교회는 따뜻한 엄마 교

회가 되어야 한다. 처음 교회가 태어난 곳은 엄마의 집, 마리아

의 다락방이었다. 처음 교회를 만든 사람들도 엄마들이었다. 초

대교회의 여성들인 마리아, 루디아, 브리스길라, 모두 엄마였다.

네 엄마를 데려오라

엄마를 상실한 현대인을 위한 영혼 돌봄

chapter 01

엄마 없는 나를 부탁해

어머니가 돌아가신 지 5년이 되었다. 요즘 들어 어머니가 무척 그립고 보고 싶다. 혼자 길을 걸으면서, 혹은 운전하면서 어머니를 생각하고 있는 자신을 발견하곤 한다. 어머니의 모습이 떠오르고 어머니의 목소리가 들리는 것 같기도 하다. 살아 계실 때는 두 주에 한 번 정도로 찾아뵙곤 했다. 어머니 집에 가면 별로 하는 일은 없었다. 그저 해 주시는 밥을 먹고 놀다 오는 것뿐이었다. 어머니는 내가 무슨 말을 해도 늘 대견해하셨다. 넉넉하지 않으셨는데도 갈 때마다 무언가를 꼭 챙겨 주셨다. 어머니 집에서는 아무 데나 누워 있어도 편안했다. 오후 서너 시경에 가도 점심인지 저녁인지를 항상 차려 주셨다. 안부 전화를 드리면 때와 상관없이 "밥 먹었니?" 하셨다. 여름에도 "감기 안 들었니?" 하셨다. 어머니가 돌아가시고 나서 삶에서 뭔가 중요한 것이 빠진 것 같은 느낌이

들었다. 그건 바로 어머니 집에서의 경험이었다. 어머니의 집에서는 편안하고 자유로웠다. 어머니는 내가 무엇을 어떻게 해도 그냥 좋아하셨다. 무엇을 요구하지도 않으셨다. 어머니가 돌아가시고 난 뒤 내가 가장 그리워하고 있는 것은 아무 요구도 없는 상태, 마음 편한 공간이다. 매일 수많은 요구들 앞에서 지치고 피곤한 자신을 그나마 유지할 수 있었던 것은 가끔이라도 어머니가 계시는 편안한 집에 머물다 왔었기 때문인 것 같다. 그런데 그런 공간이 사라졌다. 그래서 힘든가 보다. 그래서 자꾸 어머니가 생각나나 보다. "밥 먹었니? 감기 안 들었니?" 어머니의 목소리가 그립다.

신경숙의 소설 『엄마를 부탁해』(창비, 2005)는 아들 집에서 생일잔치를 하려고 시골에서 올라오던 엄마가 서울역 지하철 구내에서 남편 손을 놓쳐 실종되면서 시작된다. 기억상실증을 가진 엄마는 아들 집을 찾지 못하고 어딘가에서 헤맨다. 자녀들은 전단지를 붙이고 광고도 내며 엄마를 찾아다닌다. 엄마를 잃은 자녀들은 처음으로 '엄마는 어떤 존재인가?'라는 질문을 하면서 엄마에 대한 기억을 더듬으며 엄마의 존재를 확인해 간다. 9개월 동안 엄마를 찾았지만 허사였다. 자녀들은 한 번만이라도 엄마를 다시 만난다면 따뜻하게 해 드리고 싶지만 그것은 바람일 뿐이다.

> 언니. 단 하루만이라도 엄마와 같이 있을 수 있는 날이 우리들에게 올까? 엄마를 이해하며 엄마의 얘기를 들으며 세월의 갈피 어딘가에 파묻혀 버렸을 엄마의 꿈을 위로하며 엄마와 함께 보낼 수 있는 시간이 내게 올까? 하루가 아니라 단 몇 시간만이라도 그런 시간이 주어진다면 나는 엄마에게 말할 테야. 엄마가 한 모든 일들을, 그걸 해낼 수 있었던 엄마를, 아무도 기억해 주지 않는 엄마의 일생을 사랑한다고. 존경한다고. (262쪽)

그러나 그런 날은 오지 않는다. 엄마도 돌아오지 않는다. 그들은 앞으로 엄마 없이 살아가야 한다. 소설 속의 엄마는 참 좋은 엄마다. 자녀들이 엄마를 잊고 살아도 아무런 문제가 없었다는 자체가 좋은 엄마였다는 증거다. 엄마도 자녀들 때문에 황홀할 만큼 행복했었다.

> 너는 내가 낳은 첫애 아니냐. 니가 나한티 처음 해보게 한 것이 어디 이쁜이간? 너의 모든 게 나한티는 새세상인디. 너는 내게 뭐든 처음 해보게 했잖어. 배가 그리 부른 것도 처음이었구 젖도 처음 물려 봤구. 너를 낳았을 때 내 나이가 꼭 지금 너였다. 눈도 안 뜨고 땀에 젖은 붉은 네 얼굴을 첨 봤을 적에… 넘들은 첫애 낳구선 다들 놀랍구 기뻤다던디 난 슬펐던 것 같어. 이 갓난애를 내가 낳았나… 이제 어째야 하나 … 고단헐 때면 방으로 들어가서 누워 있는 니 작은 손가락을 펼쳐보군 했어. 발가락도 맨져보고. 그러구 나면 힘이 나곤 했어. 신발을 처음 신길 때 정말 신바람이 났었다. 니가 아장아장 걸어서 나한티 올 땐 어찌나 웃음이 터지는지 금은보화를 내 앞에 쏟아놔도 그같이 웃진 않았을 게다. 학교 보낼 때는 또 어땠게? 네 이름표를 손수건이랑 함께 니 가슴에 달아주는데 왜 내가 의젓해지는 기분이었는지. 니 종아리 굵어지는 거 보는 재미를 어디다 비교하겠니. … 봐라, 너 아니믄 이 서울에 내가 언제 와보겠냐.(93~94쪽)

좋은 엄마의 돌봄을 받은 자녀들은 엄마를 시골에 둔 채 각자의 삶을 살기 위해 도시로 나갔다. 자식들은 엄마가 시골에 있어도 늘 자기와 함께하는 것 같았다. 엄마라는 존재는 그들이 어디에 있든지 함께하는 내적 대상이 되었기 때문이다.

엄마에게도 엄마가 필요하다. 소설에서 엄마가 자녀들에게 모든 것을 주고도 쓰러지지 않은 이유는 엄마에게도 엄마와 같은 한 사람이 있었기 때문이다. 멀리서 지켜봐 주고, 힘들고 어려울 때 부탁하면 아무 말 없이 아무 대가도 바라지 않고 도와주던 사람이 있었다. 그 사람은 힘들어 길가에 앉아 있으면 어느새 가까이 와 손잡아 주고 얼마만큼 길을 함께 가 주던 사람이었다. 엄마는 그 사람 때문에 힘을 얻었고 자녀들에게 좋은 엄마가 될 수 있었다. 엄마는 다시 되돌아올 수 없는 그 길을 가기 위해 그 사람을 떠나보낸다.

> 이젠 당신을 놔줄 테요. 당신은 내 비밀이었네. 누구라도 나를 생각할 때 짐작조차 못할 당신이 내 인생에 있었네. 아무도 당신이 내 인생에 있었다고 알지 못해도 당신은 급물살 때마다 뗏목을 가져와 내가 그 물을 무사히 건너게 해 주는 이였재. 나는 당신이 있어 좋았소. 행복할 때보다 불안할 때 당신을 찾아갈 수 있어서 나는 내 인생을 건너올 수 있었다는 그 말을 하려고 왔소. … 나는 이제 갈라요.(236~237쪽)

그렇게 엄마는 엄마의 길을 갔다. 이젠 자녀들도 엄마를 떠나보내야 한다. 자녀들은 엄마 없이 자신들의 길을 가야 한다. 큰딸이 로마의 성 베드로 대성당을 방문했다가 죽은 아들 예수를 안고 있는 성모 마리아상, 피에타Pieta를 보았다. 소설은 그 딸이 성당을 나오면서 "엄마를, 엄마를 부탁해—."라고 말하면서 끝난다. 성모 마리아에게 엄마를 부탁한 딸은 이제는 엄마 없는 존재로 살아가야 한다. 엄마가 있을 때는 엄마를 잊고 살아도 아무런 문제가 없었다. 그런데 이젠 엄마가 없다는 현실 앞에서 딸은 갑자기 힘이 빠지고 불안해진다. 엄마는 성모 마리아에게 부탁했지만 엄마 없이 살아가야 하는 자신은 누구에게 부탁해야 될지 몰라 발걸음이 떨어지지 않았으리라. 엄마 없이 살아갈 자신을 생각하니 막막했을 것이다.

chapter 02

엄마를 찾는 사람들

시장 사거리에서 대여섯 살 난 여자 아이가 혼자 울며 서 있었다. 지나가던 아줌마가 다가가 달래 주었다. 아이의 한 손에는 빵이, 다른 한 손에는 장난감이 들려 있었다. "얘야, 울지 마라. 배고프면 빵을 먹고, 심심하면 장난감을 가지고 놀면 되잖니." 아무리 달래도 아이는 울기만 했다. 아줌마는 달래기를 포기했다. 그런데 갑자기 그 아이가 누군가를 향해 달려가는가 싶더니 어떤 여인의 가슴에 푹 안겼다. 잠깐 동안 칭얼대던 아이는 그 여인의 품에 안겨 고요히 잠이 들었다. 그녀는 그 아이의 엄마였다.

도시의 한복판에서 서성이는 사람들이 있다. 그들은 한 손에는 장난감을, 다른 한 손에는 빵을 든 채로 멍하니 서 있다. 그들은 비싸고 좋은 장난감을 얻기 위해 평생 동안 달려왔다. 남보다 더 맛있는 빵을 얻기 위해 건강을 해치면서 일했다. 그 두 가지를 다 손에 넣으면 되는 줄 알았다. 그런데 그들은 지금 허전함과 쓸쓸함, 외로움을 느끼면서 어디로 가야 할지 몰라 사거리에서 서성이고 있다. 그들은 무언가는 얻었지만 누군가를 잃은 사람들이다. 엄마를 잃은 사람들이다. 따뜻한 엄마의 품, 엄마의 집, 엄마의 공간을 잃은 사람들이다. 그들은 엄마가 어디에 있는지를 몰라 건널목의 신호등이 바뀌었음에도 그대로 서 있다. 어디에서 엄마를 찾을 수 있을까? 그들의 가슴은 이미 슬픔에 젖어 있고 눈에는 눈물이 고이기 시작한다. 날은 이미 어두워졌다. 건널목 저쪽 언덕 위에 있는 교회의 십자가에 빨간 불이 들어왔다. 한 사람 한 사람씩 그쪽으로 발걸음을 움직이기 시작했다. 거기에 가면 엄마를 만날 수 있을 것 같고, 영원자 엄마를 만날 수 있을지 모른다는 생각 때문이다.

엄마를 잃은 사람들, 엄마의 부재에서 오는 슬픔과 아픔을 가진 사람들의 발걸음이 교회로 향하고 있다. 그들은 엄마를 만날 수 있다는 기대와 희망을 가지고 교회에 온다. 교회에 가면 엄마의 목소리를 들을 수 있고, 엄마의 냄새를 맡을 수 있을 것 같아서다. 그들은 죄의 문제, 즉 행위의 문제를 해결하기 위해 교회를 찾아온 것이 아니라 엄마의 상실로 생긴 텅 빈 존재의 문제를 해결하기 위하여 온다.

삶이 지루하고 재미없다. 사람들을 만나는 것이 두려워서 피하곤 한다. 다른 사람들과 비교하면 나 자신이 너무 초라하다. 애들에게도 큰 소릴 치지 못한다. 그렇게 헌신적으로 돌보면서도 보잘 것 없는 엄마라는 생각에 사로잡혀 무엇이든지 애들이 원하는 대로 다 들어준다. 마음은 늘 슬프다. 그러다가 좀 더 적극적으로 살기로 마음을 먹었다. 스스로 위로하면서 "나도 할 수 있다!"라고 하루에도 수없이 외친다. 학부모 모임에도 나가고 교회의 소그룹 모임에도 나가 일부러 말을 꺼내곤 했다. 그래도 여전히 슬프고 초라하게 느껴진다. 자꾸만 작아지는 느낌이다. 남편에게 이야기했더니 적극적으로 살라고 한다. 그렇게 노력하면 할수록 더욱 초라해진다. 지난 주일의 설교는 죄와 교만에 대한 것이었다. 자주 듣는 내용이다. 가장 큰 죄는 교만이라고 했다. 특히 이기주의, 자기중심주의, 자기 사랑은 교만의 모습이라고 했다. 겸손이 최고의 덕이라고 강조했고 겸손하면 복을 내려 주신다고 했다. 자기를 낮추고 자기 목소리를 덜 내는 것이 겸손의 모습이라고 했다. 설교를 들으면서 혼돈이 생겼다. 스스로 일어서 보려고 하는 것이 교만인가? 그것은 죄인가? 내 목소리를 내보려고 간신히 소리쳐 보는 것이 교만인가? 작게 느껴지는 모습이 겸손한 모습인가? 그러면 나는 이미 겸손한 기독교인이 되어 있는가? 그런데 왜 나는 더욱 초라하게 느껴지는가?

초라함은 가장 견디기 힘든 아픔이다. 초라함은 나 자신을 위축시키고 보잘 것 없다는 느낌을 갖게 한다. 고난도 견딜 수 있고 슬픔도 참을 수 있지만 초라함 앞에서는 모든 것이 한순간에 무너진다. 초라함은 어떤 일을 성취했다고 해도 사라지지 않는다. 초라해지지 않기로 결심해도 소용이 없다. 초라함은 어떤 행위가 아니라 따뜻한 경험을 통해서 치료된다.

엄마의 돌봄을 제대로 받지 못하고 자란 아이는 자신이 가치가 없는 존재라고 생각한다. 그 사람은 성장한 후에도 초라한 자아를 가지고 살아간다. 초등학생 딸이 엄마에게 말을 하려고 다가선다. 그런데 말이 기어들어간다. 말을 해도 들릴 듯 말 듯하다. 엄마가 분명하게 말하라고 하면 더듬거리고 울기만 한다. 아이는 자신이 엄마에게 요구할 자격이 없다고 생각한다. 거절당할 것 같은 두려움 때문에 감히 입을 열지 못한다. 그냥 엄마가 쓰다듬고 안아 주었으면 좋겠다는 생각만 하면서 우는 것이다.

왜 초라한 자아를 가진 사람들이 교회를 찾아오는가? 초라함을 느끼지 않도록 따뜻하고 소중하게 대우해 주기를 바라기 때문이다. 그들은 믿음이 없고 죄가 많기 때문에 초라해진 것이 아니다. 있는 그대로 수용받고 한 인간으로서 존중받은 경험이 없기 때문에 초라해진 것이다. 그런데 교회는 모든 문제를 죄, 즉 행위의 문제로 접근해 그들을 더욱 초라하게 만든다. 죄는 행동의 문제지만, 초라함은 존재의 문제다. 죄는 내가 저지른 행동이기 때문에 회개할 수 있다. 초라함은 타인으로부터 받은 경험의 결과인데 무엇을 회개해야 하는가? 좋은 돌봄의 부재로 무가치하게 여겨지는 자신을 어떻게 회개해야 하는가?

chapter 03

네 엄마를 데려오라

　　예수님은 수가성 우물가에서 만난 여인에게 "네 남편을 데려 오라"고
하셨다(요 4장). 훌륭한 상담자이신 예수님은 그녀를 힘들게 하는 원인을 고달
프게 만드는 상황, 즉 남편이라고 보았다. 예수님은 이 여인에게 전에는 다섯
명이나 되는 남편이 있었고 지금도 남편이 있지만 그들 모두 이 여인을 억압하
고 무시하고 학대했기 때문에 그녀가 힘들어한다고 이해하셨던 것 같다. 예수
님은 힘들어하는 그녀에게 "여인아, 네 잘못이 아니다. 그들이 너를 힘들게 한
거야"라고 말씀해 주셨을 것이다. 이 말을 들은 그녀는 자유와 희망을 얻었을
것이다. 무엇보다도 대낮에 우물가로 찾아오셔서 말을 걸어 주시고 상대해 주
시는 예수님의 따뜻함이 그녀에게 큰 위로가 되었을 것이다.

목회 돌봄과 목회 상담은 "네 남편을 데려오라"에서 시작하여 "네 아버지를 데려오라"와 "네 엄마를 데려오라"로 진행된다. 전통적 정신분석학 이론에 의하면 남자 아이들이 네댓 살이 되면 엄마를 독차지하기 위해 아버지와 맞서려고 한다. 이 때 아이가 아버지에게 어떻게 했고 아버지가 어떻게 반응했느냐가 그 아이의 미래가 된다. 그러나 엄마에게 전적으로 의존하는 유아기에는 엄마가 아기에게 어떻게 했느냐가 그 아이의 미래가 된다. 오이디푸스 신화에서 오이디푸스는 태어나자마자 엄마에게서 버림받았다. 엄마는 끝까지 그를 품고 있어야 했다. 비록 죽음이 온다고 해도 엄마는 그를 버리지 말았어야 했다. 엄마의 돌봄 없이 거칠게 살아온 오이디푸스의 모습은 초라하기 짝이 없었다.

현대의 오이디푸스들은 아버지를 이겨 냈고 많은 것을 성취했고 독립적 존재가 되었다. 그러나 외적으론 화려하지만 내적으로 초라하다. 엄마가 버린 현대의 오이디푸스들이 엄마를 찾아 헤매고 있다. 엄마는 이미 존재하지 않지만 엄마와 같은 존재를 만나 엄마로 인한 상처를 치료받기 위해서다. 치료는 다시 좋은 엄마를 경험할 때 일어난다. 즉 좋은 대상을 경험할 때 일어난다. 치료는 생각이나 관점을 바꾸는 것이 아니라 새 경험, 다른 경험을 만드는 과정이다. 나쁜 경험이 초라한 자아를 만들게 했다면, 좋은 경험은 초라한 자아를 치유한다. 좋은 경험은 생존에 필요한 욕구를 채워 주고, 안아 주고, 놀아 주고, 수용해 주고, 존중해 주고, 기다려 주는 것과 같은 경험이다. 지금 여기에서의 '좋은 대상 경험'은 과거의 '좋은 대상 경험'을 기억나게 해 줄 뿐만 아니라 '나쁜 대상 경험'의 영향을 줄여 줄 수 있다.

치료에서 과거 엄마와의 만남은 피할 수 없다. 치료에서 과거의 엄마를 다시 경험하기 위해 어린 시절로 돌아가는 퇴행退行이 일어난다. 퇴행의 자리에서 좋은 엄마를 찾은 사람들은 그 자리에 오래 머물려고 한다. 따뜻한 경험,

좋은 경험을 다시 하기 위해서다. 그곳에서 따뜻함, 평화로움, 안전함, 좋음을 만끽하고 싶어서다. 거기서 말도 할 줄 모르는 어린 자기에게 계속 말을 거는 엄마를 만난다. 자기를 보고 웃어 주는 엄마의 얼굴에서 자신의 모습을 보고 행복과 평화를 경험한다. 퇴행의 자리에서 과거의 좋은 엄마를 다시 경험하면 거친 현실이 그렇게 두렵게 느껴지지 않는다. 좋은 엄마 경험을 통해 내적 힘이 생겼기 때문이다.

퇴행의 자리에서 아무리 엄마를 찾아도 찾지 못하는 사람도 있다. 거기에 가면 엄마가 있을 줄 알았고 엄마가 기다리고 있을 줄 알았는데 엄마는 없었다. 그는 퇴행의 자리에서 엄마를 기다리다가 울다 지쳐 자고 있는 어릴 적의 자신의 모습이 보였다. 엄마가 오기를 기다리고 기다렸는데 엄마는 끝내 오지 않았었다. 누군가 우유를 갖다 주었다. 배가 고파 먹었지만 한 모금 먹고 울고, 또 한 모금 먹고 울었다. 아무도 자기를 보고 방긋 웃어 주지 않았고, 아무도 예쁘다고 안아 주지 않았다. 사람들은 엄마 없이 자라는 것이 불쌍하다며 혀를 찼다. 퇴행의 자리에서 엄마의 부재를 경험한 사람은 현실로 돌아와서 더 깊은 좌절에 빠질 수밖에 없다. 그 사람에게 현실은 더욱 두렵게 느껴진다.

퇴행의 자리에서 무서운 엄마를 다시 만나는 사람도 있다. 설마 했는데 역시 무서운 엄마다. 엄마의 눈이 삼킬 것 같다. 우유 한 병을 얻어먹기 위해 울다가 매맞던 모습이 떠올랐다. 어떻게 해야 할지 몰라 두려운 눈망울로 엄마를 쳐다보는 모습이 보였다. 매맞아 생긴 시커먼 눈두덩이도 보였다. 그 퇴행의 지점에서 만난 무서운 엄마를 보고 소스라치게 놀라 다시 현실로 돌아온다. 온몸과 마음이 추워진다. 현실의 바람이 더욱 세차게 불어온다.

치료는 좋은 엄마 경험, 좋은 대상 경험을 하는 과정이다. 좋은 대상 경험은 과거의 나쁜 대상 경험으로 형성된 자아를 재구성해 준다. 지금 여기에서 좋은 대상을 경험한 사람은 서서히 자신의 불안, 초조, 가식, 수치심을 드러내고 그것과 대면하면서 주체적 존재가 되어 간다. 이제까지는 불안해하며 숨겨 왔지만, 좋은 대상 앞에서 억눌렸던 진실한 자아가 꿈틀거리기 시작한다. 이제껏 초라함은 숨게 만들었으나, 좋은 대상 경험은 초라함을 대면할 수 있는 능력을 길러 준다.

나쁜 엄마 경험을 가진 사람들은 평생 엄마를 떠나지 못하고 매달린다. 엄마가 떼어 놓으려고 하면 더욱 매달린다. 엄마와의 떨어짐이 죽음처럼 느껴지기 때문이다. 그러나 좋은 엄마 경험을 한 사람은 그 경험을 자신의 내면에 차곡차곡 쌓아 놓고서 힘들고 어려울 때 그것을 꺼내 사용한다. 그 사람은 엄마가 없어도 밤길을 홀로 걸을 수 있고 도시의 거리를 걸으면서 즐길 수 있다. 그 사람은 홀로 설 수 있는 능력을 가진 건강한 사람이 된 것이다. 건강한 사람은 불안, 좌절, 의심, 갈등, 죄책감 등이 없는 사람이 아니다. 건강한 사람은 힘들고 어려울 때 스스로 위로할 수 있는 능력을 가진 사람이다. 좋은 경험을 가진 사람은 평안, 희망, 확신, 조화, 기쁨의 삶을 살 수 있다. 그런 사람은 다른 사람에게 좋은 경험을 주는 엄마의 역할을 할 수 있다. 엄마로부터 가장 좋은 선물인 돌봄을 받은 사람은 타인을 돌보고 배려할 수 있는 능력을 가지고 있다.

chapter 04

따뜻함이 넘치는 엄마 교회

　사람들이 엄마를 만나러 교회에 온다. 엄마를 잃어버린 사람들, 엄마의 품이 그리운 사람들, 엄마의 손길을 받지 못해 초라해진 사람들, 엄마가 돌아오기를 기다리다 지친 사람들, 엄마가 없다고 놀림받는 사람들, 엄마에게 사랑은 고사하고 학대받는 사람들이 교회에 찾아온다. 엄마의 목소리를 듣고 싶어서, 엄마가 부르는 노래를 듣고 싶어서, 엄마의 기도소리를 듣고 싶어서, 따뜻한 엄마를 만날 수 있을 것 같아서다. 교회는 따뜻한 엄마 교회가 되어야 한다. 처음 교회가 태어난 곳은 엄마의 집, 마리아의 다락방이었다. 처음 교회를 만든 사람들도 엄마들이었다. 초대교회의 여성들인 마리아, 루디아, 브리스길라, 모두 엄마였다.

그러나 안타깝게도 한국 교회는 엄마를 만나는 곳이 되지 못한다. 남성 목회자들과 남성 제직들이 교회를 지배한다. 하나님의 이미지도 아버지와 같다. 하나님은 엄하고, 많은 것을 요구하고, 잘못하면 무섭게 혼내는 아버지와 같다. 엄마의 돌봄이 그리워서 찾아간 사람들에게 하나님은 너무 멀리 계신다. 엄마의 상실은 하나님께 나아가는 길을 잃게 한다. 하나님의 풍성함과 만남을 힘들게 한다. 엄마 경험이 있어야 보이지 않는 하나님을 상상하고 그분을 향하여 손을 내밀 수 있다.

수많은 사람들이 신에게 이르는 길을 찾지 못해 방황하고 있는 이유는 간단하다. 자신 안에 신과 접촉할 수 있는 내적 구조가 존재하지 않기 때문이다. 신을 찾지 못해 몸부림치는 사람들은 신적 경험을 줄 대상을 만들거나 찾고 그것에 매달린다. 그들은 알코올과 마약에 의존하고 도박에 중독된다. 신은 만드는 것이 아니다. 인간은 신을 향하고, 바라보고, 신이 다가오길 기다리는 존재다. 그런데 그렇게 할 수 있는 내적 능력은 엄마 경험에 달려 있다. 한 사람이 어떻게 전능하고 절대적이고 초월적인 하나님을 향하여 나아갈 수 있는가? 어마어마하신 하나님이 우리에게 다가올 때 어떻게 그 품에 안길 수 있는가? 나를 품어 주고 사랑해 주었던 좋은 엄마 경험을 해 본 사람은 영원자 하나님의 품에 안길 수 있다.

목회자는 교회를 따뜻함이 넘치는 곳으로 만드는 사람이다. 목회자는 엄마처럼 따뜻한 집을 만드는 사람이다. 교회가 따뜻한 집이 되면 수많은 사람들이 엄마를 찾으러 교회로 올 것이다. 돌봄은커녕 학대받고 거절당한 아이들, 따뜻한 경험이 없어서 무언가 중요한 것이 빠진 것 같아 방황하는 청소년들이 교회를 찾아올 것이다. 희망과 용기를 잃은 젊은이들, 경쟁사회에서 지치고 낙오된 장년들, 여생을 홀로 가기에는 그 길이 너무 멀고 외롭게 느껴지는 어르신들이 찾아올 것이다. 먹고 살기 위해 먼 나라에서 이 땅을 찾아온 이주민들이 따뜻함이 그리워서 교회를 찾아올 것이다. 교회에서 따뜻한 경험을 한 사람들은 거친 세상을 힘있게 살아갈 것이다. 그들은 영원자 하나님을 그리워하고 하나님이 내민 손을 잡을 것이다.

목회자는 교인들의 어둠과 빈들의 문제를 해결해 주는 사람이라

기보다 그들로 하여금 어둠에 머물고 빈들을 거닐 수 있는 능력

을 갖게 해 주는 사람이다. 목회자는 저문 빈들에 있는 사람들과

함께할 수 있는 능력을 가진 사람이다. 목회자는 저문 빈들에서

마른 빵 다섯 개와 물고기 두 마리를 가지고 군중과 잔치를 벌이

는 사람이다. 목회자는 저문 빈들에 있는 사람들의 손을 잡고 하

늘이 열리기를 기다리는 사람이다. 목회자는 빈들을 잔치의 공간

으로, 저문 때를 은총의 시간으로 만드는 사람이다.

02

저문 빈들에 있는 사람들

chapter 01

빈들의 잔치와 궁궐의 잔치

갈릴리 바다 건너편의 빈들에 수많은 사람들이 모여 있다. 어느 새 날은 저물어 가고 있었다. 저문 빈들에 모여 있는 사람들은 하루 벌어 하루 먹고사는 갈릴리 사람들, 민중들이다. 그들은 빈들이 좋아서 그곳에 머물러 있는 것이 아니다. 집으로 돌아가도 거친 현실만 기다리고 있으니 혹시 무슨 좋은 일이라도 생기지 않을까 하는 막연한 기대감을 가지고 그냥 빈들에 머물러 있는 것이다. 거기에 예수님과 제자들도 있었다. 예수님은 그들과 함께 빵 다섯 개와 물고기 두 마리를 가지고 큰 잔치를 벌이셨다.

마가복음 6장에는 예수님이 빈들에서 벌이신 잔치 이야기의 바로 앞에 또 다른 잔치 이야기가 나온다. 그것은 당시의 임금 헤롯이 자신의 생일에 궁궐에서 벌인 잔치 이야기다. 그것은 높은 사람들이 초대된 호화로운 잔치였다. 두 잔치가 같은 시간에 일어나진 않았지만, 마가는 흥미롭게도 같은 장에서 두 종류의 잔치를 대조한다. 하나는 궁궐에서 지상의 임금이 벌이는 잔치고, 다른 하나는 빈들에서 하나님의 아들 예수님이 베푸시는 잔치다. 궁궐에는 춤과 음악 소리가 있었고, 빈들에는 군중의 웅성거림이 있었다. 궁궐의 밤은 점점 빛났고, 빈들의 밤은 점점 어두워졌다. 궁궐에서는 고관들이 먹고 마시며 즐겼고, 빈들에서는 가난하고 굶주린 군중이 서성이고 있었다. 궁궐에서는 헤롯 왕이 춤추는 딸에게 나라의 절반이라도 주겠다고 큰소리치면서 의로운 사람 세례요한의 목을 베었고, 빈들에서는 하나님의 아들 예수님이 애타는 심정으로 사람들을 바라보고 계셨다. 궁궐에는 산해진미가 쌓여 있었고, 빈들에는 제자들이 겨우 구해 온 마른 빵 다섯 개와 물고기 두 마리가 전부였다.

예수님은 한 손에는 빵을, 다른 한 손에는 물고기를 들고 계셨다. 그 모습을 바라보는 사람들은 자신의 모습이 마치 빵과 물고기처럼 메마르고 초라해 보였을 것이다. 예수님은 "이게 전부인가? 이렇게 많은 사람들이 모였는데 겨우 이것뿐인가?"라고 말씀하지 않으셨다. "평생 땀 흘리고 수고한 결과가 고작 이것뿐인가?"라고 다그치지도 않으셨다. 예수님은 그들의 삶에 대하여 어떤 평가나 분석도 하지 않으셨다. 그들을 꾸짖거나 헛된 격려를 하지도 않으셨다. 그저 수치, 분노, 좌절, 절망으로 가득 찬 그들의 마음을 안타깝게 바라보셨다.

예수님은 애끓는 심정으로 빵과 물고기를 들고 하나님께 감사 기도를 하셨다. "하나님, 이런 모습으로 살아가는 저들에게 자비를 베푸시고 축복하소서"라고 기도하셨을 것이다. 그리고 그 순간, 예수님은 언젠가 그들을 위해 자신의 몸을 주겠다고 다짐하셨을 것이다. 사람들은 기도하시는 예수님과 그 눈에 흐르는 눈물을 보았을 것이다. 그들은 예수님이 마른 빵과 물고기처럼 부스러지기 쉬운 자신들을 감싸 안아 주시는 것 같았다. 세상은 그들을 보고 "이게 뭐야?"라고 했지만, 예수님은 "이게 너구나" 하고 부끄러운 모습을 품어 주시는 것 같았다. 있는 그대로 받아 주시는 것 같았다. 그들은 저문 빈들에서 빵과 물고기를 먹으면서 오래도록 이야기하고 노래했다. 저문 빈들에서의 잔치는 끝났다. 그들은 다시 집으로 돌아가야 한다. 다시 외롭고 배고플 것이다. 그러나 이제 그들은 집으로 돌아가 아침을 기다릴 수 있다. 저문 빈들에서 예수님을 통해 자신을 새롭게 이해하고 하늘 은총을 경험했기 때문이다.

궁궐의 잔치와 빈들의 잔치는 끝났지만, 두 잔치는 지금도 교회를 통해 계속되고 있다. 어떤 교회는 궁궐의 잔치를, 어떤 교회는 빈들의 잔치를 이어 가고 있다. 교회는 빈들의 잔치를 이어 가야 한다. 교회는 하루해가 저물고 한 해가 저물고 인생이 저물어 가는 때, 빈들에서 서성이고 있는 사람들과 함께 잔치를 베풀어야 한다.

chapter 02

저문 빈들에 있는 사람들

곤한 영혼들이 지금 저문 빈들에 있다. 경쟁에 시달리고 낙오된 사람, 아무리 노력해도 성과가 없어 낙심한 사람, 땀 흘려 일하고 싶어도 일자리가 없어 좌절한 사람, 언제 해고당할지 몰라 불안한 사람, 추운 겨울을 어떻게 지낼 지 걱정되는 가난한 사람, 배고픈 채로 잠자리에 들어야 하는 사람, 모두 곤한 영혼들이다. 북한의 배고픈 아이들이 우리의 손길을 기다린 지 오래되었다. 20여만 명의 집 나간 청소년들이 어디에선가 서성이고 있다. 그들의 반 이상은 학대받으며 사는 것보다 가출해서 사는 것이 낫기 때문에 집에 돌아가지 않겠다고 한다.

텅 빈 영혼들이 지금 저문 빈들에 있다. 겉으로는 풍성해 보여도 속은 비어 있다. 아무리 쇼핑을 해도 내적 결핍이 채워지지 않는다. 직장에서 능력을 인정받아도 '이것이 전부인가?'라는 소리가 내면에서 들려온다. 그들은 시대와 사회에 잘 적응했음에도 "이것이 나의 삶이다"라고 말할 자신이 없는 사람들이다. 삶이 시시하다는 생각이 자꾸 든다. 가깝게 지내며 위로를 주던 사람들이 하나 둘 떠나 버린다. 사람들을 피상적으로 만나고, 삶에 대한 열정도 식고, 기쁨이나 고통에 대해서도 무감각해진다.

상처 입은 영혼들이 지금 저문 빈들에 있다. 살아오면서 상처가 낫기는커녕 점점 더 곪아간다. 사랑과 돌봄의 대상에게서 받은 냉대와 학대의 상처는 쉽게 낫지 않는다. 그 상처는 인간관계를 힘들게 만들고 자신을 소중한 존재로 여기지 못하게 한다. 또한 상처는 세상을 공정하고 살 만한 곳으로 보지 못하게 하고 하나님도 멀게 느껴지도록 한다.

교회가 빈들처럼 느껴지는 사람들이 있다. 그들은 교회에서 따뜻함보다는 소외감을 느끼고, 하나님도 자기로부터 멀리 계신 것 같다는 생각을 한다. 구원받았다는 확신은 있지만 여전히 슬프고, 용서받았는데 마음이 아프다. 열심히 교회에서 활동하는데도 별로 즐겁지 않다. 교회에 나오는 사람들 가운데도 상처 입은 사람들이 많다. 다음은 사십대 중반의 한 교인의 이야기다.

우울하고 불안이 몰려올 때마다 벗어나 보려고 몸부림치다 교회로 향한다. 실컷 기도하고 누군가와 이야기라도 나누면 조금이라도 편안해질 것 같아서다. 그런데 아무리 둘러봐도 내 이야기를 들어줄 만한 사람이 보이지 않는다. 다들 기쁜 표정이다. 자기들끼리 웃고 떠든다. 열심히 충성 잘 하는 교인들을 보면 소외감을 느낀다. 나도 열심을 내고 싶다. 그러나 지금은 열심은커녕 하루를 넘기는 것도 힘들다. 열심히 신앙생활 해야 문제가 해결된다고 말하는 믿음 좋은 분들의 충고가 아프게 한다. 그들의 말이 맞는지도 모른다. 그러나 지금은 나에게 이래라저래라하지 말고 그냥 나의 가슴아픈 이야기를 들어만 주었으면 좋겠다. 문제 해결의 방안이나 충고도 주지 말고 그냥 내 손을 따스하게 잡아만 주었으면 좋겠다. 허전한 마음으로 집으로 돌아와 샤워기를 틀어 놓고 소리 내어 운다. 그리고 기도한다. "하나님, 마음이 너무 아파요. 저를 꼬옥 안아 주세요. 위로해 주세요."

교회는 빈들에 있는 곤한 영혼들, 텅 빈 영혼들, 상처 입은 영혼들을 찾아가 그들과 함께 머물면서 그들을 돌보아야 한다. 교회는 그들이 마음놓고 찾아와 돌봄과 치유를 받을 수 있는 곳이 되어야 한다. 영혼의 쉼을 기대하고 교회를 찾아온 사람들을 실망시키면 안 된다. "제가 그 크고 웅장한 교회에서 받은 첫인상은 교회의 건물이나 교인들의 얼굴에 욕심이 덕지덕지 붙어 있는 모습이었습니다. 그 교회에는 저 같이 허물 많은 사람이 하나님 앞에 조용히 설 수 있는 공간이 없었습니다. 사느라 지치고 망가진 영혼의 쉼과 고침을 위해 갔다가 그냥 나왔습니다." 이것은 큰 결심하고 시내의 어느 교회를 찾았던 사람의 말이다. 교회는 이 시대의 슬프고 외로운 사람들, 절망하는 사람들, 쉼과 돌봄이 필요한 사람들에게 문을 활짝 열어 놓아야 한다.

chapter 03

절망과 소통하기

예수님은 저문 빈들에 서 있는 사람들에게 희망을 갖고 용기와 힘을 내라고 말씀하시기 전에, 먼저 그들과 소통하셨다. 그들의 부끄러운 모습을 감싸 주셨다. 그 때 그들은 여전히 상황은 암울하지만 예수님과 함께 다시 희망을 가져 보자고 마음먹었을 것이다. 목회자의 역할은 절망하는 사람에게 희망을 되찾게 해 주는 것이라기보다 먼저 그 사람의 절망과 소통하는 것이다. 그렇게 되면 절망하는 사람은 아직도 무엇에 대한 희망은 보이지 않지만 목회자와 함께 다시 희망할 수 있는 능력을 얻게 된다.

어둠 가운데서 불안해하는 사람들은 "어둠은 곧 물러가니 조금만 참으면 된다. 빨리 힘을 내고 희망을 가지라"는 위로를 받는다. 그러나 그런 말들은 도움이 되기보다는 오히려 더 힘들게 한다. 절망이 사람을 얼마나 움츠리게 하고 스스로 무가치하게 느끼게 하는지에 대하여 듣기도 전에 희망부터 주려고 했기 때문이다. 외로움이 몰려올 때 얼마나 추운지를 이해하기 전에 먼저 위로하려고 했기 때문이다. 사람들은 힘내라고 말하고는, 그것으로 책임을 다한 것처럼 빨리 떠나 버린다. 슬픔과 절망 가운데 있는 사람을 빨리 위로하려고 하는 것은 그 사람과 관계를 맺지 않겠다는 자기 방어적 태도에서 나온다. 그것은 절망과 슬픔과 관계 맺지 않으려는 회피적 태도다. 이러한 태도는 슬픔과 절망에 빠진 사람을 더욱 비참하게 만든다. 교회가 불안, 외로움, 절망은 감추고 승리, 기쁨, 희망을 이야기하라고 하기에 교인들은 더 외로워하고 절망스러워한다.

목회자는 삶의 힘듦에 대하여 설교하면서 희망과 용기를 주려고 한다. 교인들도 자신들의 문제에 대한 이야기 같아서 경청한다. 그런데 설교를 들으면서 공허한 느낌이 든다. "나도 정말 슬프고 외로운데, 목사님이 설교하는 그 슬픔은 누구의 슬픔이고, 그 외로움은 누구의 외로움인가? 나도 아프고 힘든데, 왜 목사님이 설교하는 그 아픔과 힘듦의 이야기가 남의 이야기처럼 들리나?" 그 이유는 아주 간단하다. 목회자가 교인들의 슬픔의 이야기를 충분히 듣지 않았기 때문이다. 슬퍼하는 사람과 함께 슬퍼해 본 일이 별로 없기 때문이다. 한 번이라도 절망하는 사람의 이야기를 진정으로 들었더라면 그 설교는 다르게 표현되고 다르게 전달되었을 것이다.

목회자는 절망하는 사람에게 희망을 가지라고 말하기 전에, 먼저 그 사람과 마주 앉아 그 사람의 절망의 이야기에 귀 기울여야 한다. 외로운 사람을 위로하기 전에, 먼저 그 사람의 이야기를 들어야 한다. 그 사람의 얼굴에 드리운 어두운 그림자를 보아야 한다. 잡아 달라고 내민 그 사람의 손을 잡아 주어야 한다. 그 사람의 눈물을 너무 빨리 닦아 주려 하지 말고 마음껏 울 수 있도록 도와주어야 한다. 그러면 목회자도 절망과 외로움을 느낄 것이다. 그 사람의 슬픔이 목회자 자신의 슬픔이 될 것이다. 그 때 하늘 은총이 절망하는 사람과 그 절망에 소통하는 목회자를 감싸 주고, 하나님의 위로가 외로워하는 사람과 그 외로움에 소통하는 목회자에게 임할 것이다.

결혼한 지 5년, 성격 차이로 자주 싸우다가 이혼하기로 작정한 부부가 있었다. 회복을 위해 노력했지만 관계는 점점 악화되었다. 이혼하기 전에 주례해 준 목사님과 상의하기로 했다. 이야기를 들은 목사님은 이혼 결정을 내리기까지 얼마나 힘들었냐고 하면서 많이 안타까워했다. 목사로서 두 사람의 관계가 그렇게 나빠진 것도 모르고 잘 돌보지 못해 미안하다고 했다. 그 부부는 몇 번 더 목사님과 상담했다. 세 번째 상담에서 그들이 말했다. "목사님, 우리 부부 사이 아직도 겉으로는 달라진 게 없어요. 그러나 우리가 목사님과 두 번 상담한 다음에 마음을 바꿨어요. 우리를 보시고 가슴아파하시는 목사님을 보고 저희들 많이 반성했어요. 목사님은 평소에 우리 부부를 많이 사랑해 주셨고, 우리 아이도 귀여워해 주셨잖아요. 이렇게 좋은 목사님이 계시니 다시 한 번 노력해 보자고 결심했어요." 목사님은 이 부부에게 결혼생활 혹은 부부관계에 대한 설교나 교육을 하지 않았다. 먼저 그들의 이야기를 들었다. 결혼생활을 유지하기 위해 나름대로 노력하고 기도했지만 크게 나아지지 않았다는 이야기, 사랑하던 사람이 남처럼 느껴져 가슴이 아프고 쓸쓸하다는 이야기, 하나님 앞에서 서약하고 결혼했는데 이혼까지 생각하게 되어 하나님께 죄송스럽다는 이야기도 들었다. 그 부부는 자신들의 이야기를 듣고 마음 아파하고 진심으로 기도해 주는 목사님과 함께 다시 노력해 보자고 다짐했다.

영화 〈완득이〉에 등장하는 사람들은 모두 아프고 슬픈 사람들, 저문 빈들의 사람들이다. 완득이의 주변 사람들은 등 굽은 장애를 가진 가난한 아버지, 완득이를 낳자마자 집 나간 필리핀 출신 엄마, 아버지를 따라다니며 장사하는 정신장애를 가진 사람, 늘 시비를 거는 옆집의 무명 화가 아저씨와 그의 여동생인 무협소설가, 거친 말을 하고 학생들의 성적에 전혀 관심이 없고 학생들을 때리기도 하는 담임선생 동주 등등 모두 주변인이며 약자며 소외자다. 그들의 생활공간은 비좁은 옥탑 방, 차 한 대 세워 두기에도 좁은 골목길, 허름한 킥복싱 연습실, 수업시간마다 정신없는 고등학교 교실, 그리고 보잘 것 없는 이층 교회다. 희망적이라고 볼 수 있는 것이 하나도 없다. 그런데 영화를 보면서 마음이 따뜻해지는 이유는 무엇일까? 그들의 모습은 투박하지만 겉치레와 거짓이 없는 인간미가 느껴지는 것은 왜일까? 그들이 살아가는 모습을 진정한 삶이라고 말하고 싶은 이유는 무엇일까?

무엇보다 선생 동주의 역할이 크다. 그는 학생들에게 희망과 꿈을 가지라고 말하지 않는다. 노력하면 좋은 결과가 온다는 빤한 권면도 하지 않는다. 대신 그는 그곳 사람들의 답답함, 분노, 좌절, 허탈, 지겨움, 절망과 소통한다. 동주는 그들과 함께 소리 지르고 싸우고 분노하고 욕한다. 완득이도 동주 선생 때문에 죽을 지경이다. 그는 완득을 늘 귀찮게 하고 놀리고 야단친다. 그가 "얌마, 도완득!" 하고 부를 때, 깜짝깜짝 놀라고 화난다. 완득은 그가 빨리 죽게 해 달라고 기도할 정도로 그 때문에 힘들어한다. 그러나 완득과 그곳 사람들은 동주 선생의 따뜻한 마음과 진심을 받아들인다. 동주는 그들을 위한 존재가 아니라 그들 중 한 사람으로 살았다. 그는 불법 체류 외국인 노동자들을 보살피다 감옥에 가기도 하고 외국인 노동자를 착취한 자기 아버지를 고소한다. 그는 교회의 전도사로 자처하면서 다문화 가족을 보살핀다. 완득의 앞날은 여전히 밝지 않다. 그러나 더 이상 절망하지 않는다. 선생 동주가 있기 때문이다. 불구의 몸으로 가난하지만 정직하게 살아가는 아버지가 있고, 마음으로 사랑해 주는 어머니를 만났기 때문이다. 그 동네 그 사람들도 겉으로 달라진 것은 없다. 그러나 그들은 각자의 목소리를 내기 시작한다. 그들은 더 이상 주변인이 아니라 자기 삶의 주인공이 된다. 헤어졌던 남편과 아내의 화해가 시작되고, 우등생과 꼴찌가 연애하고, 17년 만에 처음 보는 엄마의 아들에 대한 모정이 싹트고, 앞집의 무명작가와 동주 선생의 사랑이 시작되고, 선생과 학생 사이에 신뢰가 형성되고, 낡고 초라한 교회 건물에서 골목 사람들과 외국인 노동자들이 쉼을 얻고 어울린다. 완득도 좋아하는 킥복싱을 계속한다.

어떻게 완득이가 사는 도시의 뒷골목과 그곳 사람들에게 치유가 일어나고 희망이 싹틀 수 있었나? 그들의 절망과 답답함과 소통하고 그들과 함께 머물러 주는 한 사람, 동주 선생이 있었기 때문이다. 그 한 사람 때문에 그곳 사람들은 자신을 소중한 존재로 여기기 시작했고 주위 사람들을 서로 보살폈다. 그들은 그들을 억눌러 온 이야기를 중단하고 그들만의 새로운 이야기를 만들기 시작했다. 그 이야기는 화려한 도시의 높은 빌딩에 사는 사람들의 이야기와는 다른 이야기다.

chapter 04

저문 빈들에서 태어나는 영혼

    사람들은 빨리 어둔 빈들에서 벗어나고 싶어한다. 슬프고 외롭고 절망스
럽기 때문이다. 교회도 빨리 슬픔과 외로움과 절망에서 벗어나라고 말한다. 그
러나 저문 빈들에서 벗어나기란 쉽지 않다. 슬픔과 외로움과 절망에서 벗어나
는 것이 간단하지 않다. 어쩌면 평생 동안 저문 빈들에서 살아가야 하는 사람들
이 많다. 평생 동안 슬픔과 외로움과 절망 가운데서 살아가야 하는 사람들이 많
다. 예수님은 저문 빈들에 있는 사람들을 찾아가셔서 그곳에서 그들과 함께 머
물며 식사하시고 지내셨다. 예수님은 거기에서 그들과 함께 하나님 나라를 꿈
꾸셨다. 예수님이 그들과 함께 하셨을 때 저문 빈들은 은총과 거듭남의 공간,
영혼이 태어나는 공간이 되었다.

독일의 신비주의 사상가였던 에크하르트 Meister Johannes Eckhart 는 영혼은 어둠과 빈들에서 태어난다고 주장한다. 우리가 어둠 속에 머물고 빈들을 거닐 때 영혼이 태어난다는 것이다. 그러므로 어둠과 빈들에서 벗어나는 것이 중요한 것이 아니라 어둠 속에 머물고 빈들을 거닐 수 있는 능력이 중요하다. 어둠과 빈들에서 머물 수 있는 능력은 예수님과 같은 사람이 곁에 있을 때 생긴다. 비록 슬픔과 외로움과 절망이 사라지지는 않지만 슬퍼할 수 있는 능력, 외로워할 수 있는 능력, 절망할 수 있는 능력이 생길 수 있다. 즉 우리 안에 슬픔과 외로움과 절망이 머물게 할 수 있는 능력이 생길 수 있다.

슬퍼할 수 있는 능력을 가진 사람은 자신과 정직하게 마주할 수 있고, 주변의 슬퍼하는 사람과 소통할 수 있고, 먼 곳에서 들려오는 슬픔의 소리를 들을 수 있다. 외로워할 수 있는 능력을 가진 사람은 외로운 자신을 보살필 수 있고, 아무도 없는 빈들에 숨어서 외로워하는 사람을 찾아가 외로움을 나눌 수 있다. 절망할 수 있는 사람은 절망하는 자신을 스스로 위로하고, 캄캄한 데서 절망하는 사람들을 찾아가 그들과 연대하여 희망적 사회를 꿈꾸고 만들어 나갈 수 있다. 우리 영혼은 이런 슬픔과 외로움과 절망을 먹고 자란다.

목회자는 교인들의 어둠과 빈들의 문제를 해결해 주는 사람이라기보다는 그들로 하여금 어둠에 머물고 빈들을 거닐 수 있는 능력을 갖게 해 주는 사람이다. 목회자는 저문 빈들에 있는 사람들과 함께할 수 있는 능력을 가진 사람이다. 목회자는 저문 빈들에서 마른 빵 다섯 개와 물고기 두 마리를 가지고 군중과 잔치를 벌이는 사람이다. 목회자는 저문 빈들에 있는 사람들의 손을 잡고 하늘이 열리기를 기다리는 사람이다. 목회자는 빈들을 잔치의 공간으로, 저문 때를 은총의 시간으로 만드는 사람이다.

진정한 목회 돌봄은 상처 입은 영혼을 돌보다가 마음이 무너지고

가슴이 찢어지는 것 같은 아픔과 아무런 도움도 줄 수 없는 절망

감을 경험할 때 시작된다. 그 때 비로소 교인의 "하나님, 저 어떻

게 살아요?"라는 탄식소리가 가슴 저리게 느껴진다. 그리고 하

나님께 "하나님, 왜 그러셨어요? 저 교인 어떻게 살라고요"라고

호소하기 시작한다. 이 때 하나님이 성전 휘장을 찢으시고, 그 교

인과 목회자에게 다가오셔서 포근히 감싸 주신다.

03

갈라진 하늘, 찢어진 성전 휘장

chapter 01

갈라진 하늘

마가는 예수님의 공생애 이야기의 시작이라고 할 수 있는 세례받으실 때와 공생애 마지막이라고 할 수 있는 십자가에서 돌아가실 때 일어났던 사건을 표현할 때 같은 단어를 사용한다. 예수님께서 세례받고 물에서 올라오실 때, 하늘이 "갈라지고"라고 되어 있는데 이 때 사용된 단어가 희랍어 스키조schizo다. 그리고 마가복음 15장 38절에서 예수님께서 십자가에서 돌아가셨을 때, 성전 휘장이 위에서 아래로 "찢어졌다"고 되어 있는데 이 때 사용된 단어도 스키조다. 예수님이 세례를 받으셨을 때 하늘이 갈라졌고, 십자가에서 돌아가셨을 때 성전 휘장이 찢어졌다. 예수님의 삶은 하늘이 갈라지고 성전 휘장이 찢어지게 하는 삶이었다. 그 갈라진 하늘로부터 은총이 햇살처럼 땅에 쏟아졌다. 찢어진 휘장은 거룩함과 속됨의 구분을 없애 버렸다. 누구든지 예수님처럼 하나님 나라의 길을 갈 때, 하늘이 갈라지고 성전 휘장이 찢어진다. 목회자의 삶도 마찬가지다. 한 사람이 하나님의 부르심에 응답하여 목회자의 길을 떠날 때, 하나님은 하늘을 가르시고 선언하신다. "내가 너를 사랑한다." 목회자가 가난한 영혼들을 돌보다 힘들어 하나님께 호소할 때, 하나님은 성전 휘장을 찢으시고 걸어 나오신다.

마태와 누가는 예수님의 세례 이야기를 전하면서 마가와 다른 단어를 사용한다. 그들은 예수님이 세례받고 물에서 올라오실 때, 하늘이 "열리고" 그 하늘에서 소리가 들려왔다고 전한다. '열리다'는 자연스럽게 무리 없이 진행되는 것을 의미한다. 열린 것은 다시 닫힐 수도 있다. 그러나 마가가 사용한 '갈라지다'는 '깨지다', '두 동강 나다', '찢어지다'의 뜻으로 다시 회복할 수 없는 상태가 되었다는 표현이다. 이것은 종말론적 표현이다. 마치 지진이 일어나고 화산이 폭발하고 천지가 흔들리는 것과 같은 종말의 상황, 예전 것을 회복할 수 없는 상태를 의미한다. 또한 이것은 모든 것이 끝난 상태를 나타내는 표현인 동시에 새로운 시작을 알리는 표현이다. 마가가 본 예수님의 삶은 하늘이 갈라지고 천지가 흔들리는 것과 같은 삶이다. 예수님 이후로 이어지는 역사는 이전과 다른 새로운 역사라는 것이다. 그래서 마가는 세례를 옛 것의 종말과 새 것의 출현을 알리는 의미로 보고 하늘이 갈라졌다는 종말론적 표현을 사용한 것으로 보인다. 한편 마태와 누가는 예수님의 출현을 아주 오래전부터 예언되고 준비된 사건으로 본다. 예언된 대로 예수님이 탄생하시고, 정해진 때에 세례받으시고, 선교가 시작된다. 세례는 이미 예정되어 있기 때문에, 하나님은 웃으시면서 하늘을 여시고 "이는 내 사랑하는 아들이다. 그가 나를 기쁘게 하리라"고 말씀하시는 듯하다. 여기에는 긴급함과 다급함이 없다. 모든 일이 아주 평화롭고 당연하게 그리고 계획된 대로 진행된다.

마가복음에는 마태복음이나 누가복음처럼 예수님의 족보도 없고 탄생

이야기도 없다. 개역개정판 성경 마가복음 1장에는 '곧' 이라는 단어가 10번이나 나온다. 모든 상황이 긴박하게 돌아가는 분위기다. 예수님이 제자들을 부르시니 그들이 곧 따라나선다. 귀신을 향해 명령하시니 귀신이 금방 달아난다. 병도 금방 낫는다. 어떤 사건에 대한 설명도 간략하다. 마가복음에는 산상설교 혹은 평지설교와 같은 긴 설교는 아예 나오지도 않는다. 대신 종말에 대한 기사(마가 13장)는 아주 길게 서술된다. 마가는 예수님이 시험받으셨다는 사실만 전하지, 마태나 누가처럼 시험받은 세 가지의 내용에 대해서는 언급하지 않는다. 예수님은 세례받으실 때에 누가 세례를 줄 것이냐의 문제를 가지고 세례 요한과 다투지도 않고 금방 세례받으신다. 마가복음의 예수님은 바쁘고 서두르신다. 제자들을 부르실 때도 "빨리 빨리 응답해라. 꾸물대지 말라. 오기 싫으면 오지 말라. 다른 사람을 부르면 된다"고 하시는 듯한 모습이다.

이런 긴박함과 다급함은 무엇을 의미하는 것일까? 마가복음의 독자는 당시의 박해받는 크리스천으로 여겨진다. 그들은 오늘 죽을지 혹은 내일 죽을지 모르는 위급한 상황에 놓여 있었다. 그들은 날마다 종말론적 삶을 살아가고 있었다. 마가복음 이전에 기록된 바울 서신은 예수님에 대한 이야기보다 교리적 내용을 많이 담고 있기 때문에 그들에게 용기와 위로가 되지 못했다. 고난 가운데 있던 기독교인들이 마가가 전해 주는 예수님의 이야기를 읽으면서 새 힘을 얻었다. 마가가 전하는 예수님 이야기는 아주 단순하고 분명하다. "하나님의 아들인 예수님이 기적을 행하신다. 예수님이 우리처럼 고난당하신다. 그 예수님이 우리와 함께 계신다. 이제부터의 역사는 예수님과 함께 시작된다." 마가는 초대교회의 박해받던 사람들을 위로하고 용기를 주기 위해 이런 식으로 예수님 이야기를 전했다. 그래서 마가는 예수님의 세례를 하나님이 하늘을 가르시고 땅의 암울한 역사에 개입하셔서 새로운 역사를 시작하시는 표징으로 보았다. 이제부터 하늘과 땅이 어우러지는 하나님 나라가 시작되고, 이것이 예수님의 세례 사건으로 시작되었다는 것이다.

chapter 02

찢어진 성전 휘장

예수님은 오클로스^{ochlos}, 즉 민중을 향해 그들이 하나님 나라의 주인공이라고 말씀하셨다. 그들은 당시에 소외받는 사회적 약자들이었다. 하나님의 아들 예수님은 늘 그들 곁에 계셨고, 하나님의 은총은 갈라진 하늘을 통해 햇살처럼 그들에게 비춰졌다. 예수님은 그들과 함께 새로운 이야기를 만드셨다. 평생동안 약자를 돌보며 사시던 예수님이 벌거벗겨지고 치욕스런 모습으로 십자가에 달리셨다. 예수님은 "엘리 엘리 라마 사박다니, 나의 하나님, 나의 하나님, 어찌하여 나를 버리셨습니까?"라고 절규하시며 처참하게 돌아가셨다. 그 때 성전 휘장이 위에서 아래로 찢어지는 사건이 일어났다.

성전 휘장은 지성소와 성소 혹은 성과 속을 구분하는 것이었다. 하나님이 그것을 찢으시고 그 거룩한 곳에서 뚜벅뚜벅 걸어 나오셨다는 표현이 더 맞을 것 같다. 왜 하나님이 성전 휘장을 찢으셨을까? 하나님의 거룩하심이 손상될 수 있는데 왜 그러셨을까? 예수님의 "나의 하나님, 나의 하나님, 왜 나를 버리셨습니까?"라는 말씀은 이런 의미였을 것 같다. "하나님, 언제까지 거기 지성소에 숨어 계실 건가요? 사람들이 비참한 지경에서 신음하고 있는데 언제까지 그 거룩한 곳에 계실 건가요? 오늘은 내가 이렇게 벌거벗겨진 채로 죽어 가고, 내일은 또 다른 사람들이 나처럼 비참하게 죽임 당할 텐데, 하나님은 언제까지 그 휘장 뒤에 숨어 계실 건가요? 저 불쌍한 사람들은 어떻게 살라고요?" 십자가상에서 부르짖는 예수님의 말씀을 들으시던 하나님은, 벌떡 일어나셔서 성전 휘장을 위로부터 아래로 찢으시고 뚜벅뚜벅 걸어 나오셨다. 속되다고 여겨지던 땅, 신음하는 사람들이 있는 곳으로 나오셨다. 이제 거룩한 것과 속된 것의 구분이 없어졌다. 예수님이 상처 입으신 것처럼 하나님도 상처 입을 수 있는 모습이 되셨다. 성전 휘장을 찢은 하나님은 이전과 다른 방식으로 역사하신다. 하나님은 높은 하늘이나 성전 휘장 안에 계시지 않고 속되다고 여기는 이 땅의 어느 곳이든지, 아프고 슬픈 사람을 찾아가서 구원을 이루신다.

십자가 사건으로 성전 휘장이 찢어졌다. 예수님의 십자가는 성스러움을 한 곳에 제한하고 누군가가 그것을 독점하고 그것으로 사람을 억압하게 하는 구조를 깨뜨렸다. 그래서 모든 사람에게 하나님의 거룩하심을 개방했다. 찢어진 휘장은 다시 달 수 없다. 대신 그 자리에 십자가가 세워졌다. 십자가는 거룩함의 상징이 아니다. 힘의 상징은 더더욱 아니다. 그것은 낮아짐, 비참함, 비움, 다 내어 줌, 무능력의 상징이다. 그런데 이 십자가가 성전 휘장을 찢는 엄청난 위력을 발휘했다. 이 십자가 때문에 감히 아무도 손댈 수 없었던 성전 휘장이 찢어진 것이다. 이것이 십자가의 능력이다.

chapter 03

하늘을 가르는 사람들, 성전 휘장이 찢어지게 하는 사람들

초대교회 시대의 크리스천들은 "주는 그리스도이십니다"라는 한마디의 고백을 하고 세례를 받았다. 그들은 언제 어떤 고난을 당할지 모르는 사람들이었다. 그들은 죽음도 각오해야 했다. 그래서 그들이 예수님을 따르기로 결심하고 세례받을 때, 하나님은 하늘을 가르시고 천지를 울리는 소리로 "너는 내 사랑하는 아들이다. 너는 내 사랑하는 딸이다"라고 선언하셨나 보다. 지금도 한 사람이 예수님처럼 시대의 약자를 보살피며 살겠다고 다짐하고 세례받을 때, 하나님은 하늘을 가르고 말씀하신다. "내가 너를 사랑한다."

한 사람이 목회자가 되기 위해 목사 안수를 받을 때에도, 하나님은 하늘을 가르고 선언하신다. "내가 너를 사랑한다." 상한 영혼을 보살피는 길을 가는 그 사람을 보고 하나님은 하늘을 가르신다. 목사로 안수받는 날은 꽃다발을 주고받고, 사진 찍기에 정신없고, 축하의 인사와 선물을 주고받는 날이 아니다. 그날은 하늘이 갈라지는 것을 보는 날이다. 그날은 갈라진 하늘에서 울려 나오는 "내가 너를 사랑한다"라는 하나님의 음성을 듣는 날이다.

목회자가 된다는 것은 예수님처럼 하나님이 기뻐하시는 삶을 사는 것이다. 그것은 예수님이 세례받으신 이후에 하셨던 일들을 이어 가는 것이다. 마가복음에 의하면 예수님은 악한 귀신을 쫓으시고(1:21~28), 온갖 병에 걸린 사람들을 고쳐 주시고(1:29~34), 나병환자를 깨끗하게 하시고(1:40~45), 중풍병환자를 고치시고 죄를 용서해 주시고(2:1~12), 많은 세리와 죄인들과 어울려 음식을 잡수셨다(2:13~17). 목회자는 예수님이 하셨던 그 일을 이어 가는 사람이다. 그러기에 한 사람이 목사로 안수 받을 때 하나님은 하늘을 가르고 "네가 나를 기쁘게 하리라"고 선언하신다. 분업화되고 전문화된 사회에서 목회자의 존재 이유는 무엇인가? 그것은 예수님처럼 사회의 약자들을 배려하고 상처 입은 영혼들을 돌보고 치료하는 것이다. 물론 이런 돌봄과 치료가 목회자만을 통해 일어나지는 않는다. 의사, 상담사, 교사 혹은 사회복지사, 정치가와 같은 사람들도 같은 일을 하고 있다. 목회자는 때론 그들과 협력하면서 치료의 근원이신 예수님의 사랑으로 사람들을 돌보고 치료한다. 예수님처럼 목회자는 동시대의 약자들을 돌보는 사람들이다. 하나님은 그 길을 가는 사람들을 보시고 하늘을 가르시고 "내가 너를 사랑하고 너를 기뻐한다"고 말씀하신다.

예수님은 생전에 많은 고난을 당하고 상처를 입으셨다. 십자가는 가장 큰 상처였고 고난이었다. 목회자의 삶도 상처 입기 쉬운 삶이다. 목회자도 연약한 존재이기 때문에 상처를 입을 수 있고, 다른 사람을 돌보다 보면 그 사람으로부터 상처를 입을 수 있다. 때론 돕고 싶어도 아무런 도움을 줄 수 없는 상황에 절망하기도 한다.

일찍 이혼하고 두 아들을 혼자 키운 한 집사가 있었다. 그런데 그만 큰아들이 자살했다. 그가 스물다섯 살 때였다. 그 집사는 하늘이 무너지는 것 같았다. 일주일 동안 밥도 먹지 않고 그냥 누워만 있었다. 울음도 나오지 않았다. "혼자서 어떻게 키운 녀석인데. 저도 나름대로 힘들어서 스스로 목숨을 끊었겠지만 엄마는 어떻게 살아가라고." 두 아들을 잘 키우기 위해 많이 기도했고, 험한 일을 마다하지 않았다. 그 일 이후 둘째가 날마다 술을 마셨다. 처음에는 "너무 힘들어서 그러겠지" 하고 내버려 두었다. 몇 달이 지난 후 그가 "엄마, 나도 죽고 싶어"라고 말했을 때, 정신이 번쩍 들었다. 가슴에서 불이 났다. 진정제를 먹어도 소용없었다. 불면증도 찾아왔다. 기도도 할 수 없었다. 그 집사는 다니는 교회의 목회자와 상담을 했다. "목사님, 저 어떻게 살아요?" 그 목회자도 그녀의 이야기를 들으면서 막막했다. 첫 아들을 잃은 슬픔을 이겨 내면서 힘겹게 살아가는 모습을 지켜보았기에 가슴이 아팠다. "목사님, 그 녀석이 죽었을 때 저는 울지도 않았습니다. 울면 너무 힘들어서 내가 죽을 것 같아서. 그런데 둘째 녀석이 저러는 모습을 보면서 하나님께 매달렸어요. 내가 잘못한 일이 있으면 차라리 나에게 벌 내리시라고 기도했어요. 목사님, 제 자신이 너무 불쌍해요. 오늘까지 내가 어떻게 살아왔는데. 사는 게 사는 것이 아니었어요. 내가 뭘 그리 잘못했다고 이렇게 하시는지. 지금은 차라리 제가 죽고 싶은 심정이에요." 한동안 그녀의 이야기를 들은 목회자는 "하나님께 뭐라고 기도하셨어요?"라고 물었다. 그녀가 한참 있다가 말했다. "기도도 안 돼요. 그래서 '하나님, 왜 그러셨어요? 저 어떻게 살라고요.' 이 말만 수없이 반복했어요." 그러면서 다시 울기 시작했다. 이 말을 들은 목회자도 눈물을 흘렸다. 그 목회자는 자신이 이렇게 무능력하게 여겨진 적이 없었다. 그녀에게 뭐라고 할 말이 없었다. "그래도 살아야지요"라고 말할 수 없었다. "하나님이 도우실 거예요"라는 말은 더더욱 안 나왔다. 그녀가 간 다음에 혼자서 기도했다. "하나님, 왜 그러셨어요? 그 집사님 어떻게 살라고요." 그렇게 기도드리는 목회자의 가슴도 찢어지는 것 같이 아팠다.

진정한 목회 돌봄은 상처 입은 영혼을 돌보다가 마음이 무너지고 가슴이 찢어지는 것 같은 아픔과 아무런 도움도 줄 수 없는 절망감을 경험할 때 시작된다. 그 때 비로소 교인의 "하나님, 저 어떻게 살아요?"라는 탄식소리가 가슴 저리게 느껴진다. 그리고 하나님께 "하나님, 왜 그러셨어요? 저 교인 어떻게 살라고요"라고 호소하기 시작한다. 이 때 하나님이 성전 휘장을 찢으시고, 그 교인과 목회자에게 다가오셔서 포근히 감싸 주신다.

"하나님, 왜 그러셨어요?"라고 슬프게 호소하는 교인에게 "하나님은 사랑의 하나님이십니다. 하나님은 진실하십니다. 하나님을 끝까지 붙잡으세요"라는 권면은 큰 위로가 되지 않는다. 그 교인도 이미 그것을 알고 있다. 그런데 지금은 하나님이 아주 멀리 계시고, 하나님마저 자기를 버리신 것 같아 망연자실하고 있다. 큰아들의 죽음과 작은아들의 삐뚤어짐이 마치 자기의 잘못 때문에 일어난 것처럼 생각되어, 하나님께 항의도 못 하고 그냥 "하나님 왜 그러셨어요? 이젠 나 어떻게 살아요?"라고 혼잣말로 중얼거리는 교인에게 하나님이 어떤 존재인지에 대하여 설명하는 것이 무슨 의미가 있는가? 오히려 그 교인과 함께, 그 교인보다 더 가슴 찢어지게 "하나님, 왜 그러셨어요? 당신이 돌보라고 저에게 맡겨주신 그 교인에게 왜 그러셨어요?"라고 항의하고 호소해야 한다. 그 때 하나님은 그 목회자의 호소를 들으시고 성전 휘장을 찢으시고 나와 그 교인이 있는 곳, 그 교인을 위해 가슴이 찢어지는 목회자가 있는 곳으로 걸어오실 것이다.

찢어진 성전 휘장을 다시 꿰매 달아 놓으면 안 된다. 하나님은 성전 휘장을 찢으시고 아픈 역사의 현장으로 뚜벅뚜벅 걸어 나오셨는데, 왜 성전 휘장을 다시 달려고 하는가? 한 번 찢어진 휘장은 꿰맬 수도 없고 다시 달 수도 없다. 설령 다시 단다고 해도 그 안에 하나님은 계시지 않는다.

chapter 04

치유의 자원으로서의 상처

십자가에서 상처 입고 처참하게 돌아가신 예수님의 모습은 실패로 보일 수도 있다. 그러나 예수님의 상처는 치유의 자원이다. 그 상처로 인류가 온전케 되었다. 마찬가지로 목회자의 상처도 다른 사람을 위한 치유의 자원이 될 수 있을 뿐만 아니라 다른 사람의 상처도 목회자를 위한 치유의 자원이 될 수 있다.

사순절 주일 설교에서 어느 목사님이 자기 부모님의 이혼과 그로 인해 겪었던 청소년 시절에 대해 이야기했다. 폭력을 사용하는 아버지와 어머니와의 잦은 싸움으로 하루도 편한 날이 없었다는 것이다. 아버지가 죽이고 싶도록 미웠다고 했다. 결국 부모님은 이혼했다. 그는 가출했다가 어머니가 걱정되어 집으로 돌아왔다고 했다. 교회는 어릴 적부터 다녔지만 고등학교 때는 아예 다니지 않았다고 했다. 지금도 그 때 일은 생각하기도 싫고 아버지만 생각하면 분노가 치밀어 오른다고 했다. 그러나 이번 사순절 기간에 아버지를 용서하기로 마음 먹고 기도하고 있다면서 교인들에게 기도를 부탁했다. 설교에서 한 번도 가족 문제를 언급한 일이 없었기에 교인들은 조금 놀랐다. 목사님 부부 모두 좋은 대학 출신, 수려한 외모, 은혜로운 설교, 자녀들의 반듯한 모습, 어느 하나 나무랄 데가 없었고 그늘진 곳이 없어 보였다. 그런데 오늘 설교에서 목사님은 자신의 감추고 싶은 부분을 이야기했다. 교인들은 집으로 돌아가면서 웅성거렸다. 목사님에게 그런 모습이 있었다는 것이 믿어지지 않는다는 것이다. 그 목사님은 그 주간에 많은 교인들의 전화를 받았다. 좋은 가정에서 좋은 교육을 받고 아무런 고생 하지 않았을 거라고 생각했었다는 사람, 어려운 이야기를 하느라고 얼마나 힘들었느냐고 위로하는 사람, 정말 은혜가 되었다는 사람, 기도하겠다는 사람, 각양각색이었다. 놀랍게도 그 후 여러 교인이 심방과 상담을 요청했다. 자신의 부끄러운 모습을 공개적으로 이야기할 수 있는 목사님이라면, 자기들의 부끄럽고 상처 입은 이야기를 해도 괜찮다고 생각했기 때문이었다. 목사님은 교인들을 만나면서 많은 생각을 했다. 교인들이 어떤 삶을 살아가고 있는지 짐작은 했지만 상처 입은 사람들이 많다는 사실에 놀랐다. 다음은 심방 요청을 받고 찾아간, 어느 교인과 있었던 이야기다.

목사님과 사모님은 심방을 요청한 집에 방문했다. 교회에 나오기 시작한 지 3년 정도 된 여성 교인이었다. 심방을 가겠다고 해도 미루던 그녀였다. 그녀는 딸과 함께 기다리고 있었다. 다과를 들고 난 다음 그녀가 이야기를 시작했다. 3년 전에 다니던 교회에서 대학생이었던 아들이 교회 친구들과 등산 갔다가 추락하여 죽었다고 했다. 아들의 친구들을 볼 때마다 아들 생각이 나서 도저히 그 교회에 나갈 수 없어서 지금 교회로 나오고 있다고 했다. 그런데 요즈음에 꿈에 아들이 자주 나타나서 뭐라고 말하려고 하다가 사라지곤 한다는 것이다. 목사님은 그동안 어떻게 지냈는지 이야기를 나눈 다음에, 꿈에서 아들이 엄마에게 뭐라고 말하려고 했을 것 같은지 물었다. 그녀는 "엄마, 미안하고 죄송해요. 엄마, 나 이제 보내 주세요. 우리 하늘나라에서 만나요"라고 말하는 것 같다고 했다. 그녀는 그 말을 하고 한참 울었다. 목사님은 그렇게 말하는 아들에게 어머니는 뭐라고 말하고 싶으냐고 물었다. 그녀는 울음을 삼키며 말했다. "그래, 아들아, 잘 가. 내가 그날 말렸어야 했는데 미안하다. 엄마와 누나, 열심히 살게. 우리 하늘나라에서 만나자." 그녀는 다시 한참 운 다음에 아들 방을 보여 주었다. 치우지 않은 채로 3년 전의 모습 그대로 두었다고 했다. "목사님, 이제 이 방을 정리해야겠어요." 그런 다음에 그 교인은 머뭇거리면서 창고 같은 다른 방의 문을 열어 보여 주었다. 벽에는 한 남자의 모습을 그린 큰 종이가 붙어 있었고 수많은 바늘과 못이 얼굴에 박혀 있었다. 그 교인이 고등학교 1학년 때, 그녀를 성폭행한 이웃집 아저씨라고 했다. "목사님, 저는 매일 매일 바늘과 못으로 저 인간을 죽이고 있어요. 그런데요, 이 일을 그만두고 싶어요. 그 사건을 잊고 싶어요." 목사님은 "제가 도와드릴까요?"라고 말했다. "네, 목사님. 정말 이제 끝내고 싶어요." 목사님은 그 교인에게 종이를 떼라고 했다. 딸이 도와서 바늘과 못, 그리고 종이를 떼어 냈다. 종이는 태우게 하고 바늘과 못은 쓰레기통에 버리게 했다. 목사님은 기도한 다음에 몇 번 더 심방 오겠다고 말하고 그 집을 나왔다. 두 주 후 부활주일이었다. 부활주일 새벽예배를 마치고 목사실로 나오니 목사실 앞에 백합 화분과 카드가 놓여 있었다. "목사님, 금년 부활주일에 제가 다시 살아났습니다. 하늘나라에서 만날 아들을 생각하니 이제 마음이 기뻐요. 그리고 그 사람을 용서할 수 있게 해 달라고 기도하고 있어요. 목사님, 사모님, 진심으로 감사드립니다." 그 카드를 읽는 순간 그 목사님도 자기 아버지를 용서할 수 있을 것 같다는 확신이 들었다.

그 목회자는 자신의 상처와 부끄러움이 다른 사람을 위한 치유의 자원이 될 수 있다는 사실에 놀랐다. 또한 다른 사람의 상처가 자신에게도 치유의 자원이 될 수 있다는 사실이 놀라웠다. 그동안 빈틈없이 행동했고 교인들과 일정한 거리를 두어야 한다고 생각하며 지냈다. 심지어 설교에서 유머를 사용하는 것조차 꺼려했다. 그는 존경받는 목회자였다. 그런데 늘 외로웠고, 자기만의 세계에 갇혀 사는 느낌이었다. 교인들과 웃고 떠드는 기회가 생기면 금방 자리를 피했었다. 5월에 가정에 대한 설교를 할 때가 제일 곤혹스러웠다. 그러나 자신의 연약한 부분을 드러내고 나니 마음도 편해지고 교인들을 대하기가 편해졌다. 이렇게 목회자가 본인의 상처를 인정하고 수용하고 대면하고 나면, 그것은 방어의 대상이 아니라 치유의 자원이 된다.

　　매년 수백 명의 사람들이 목회자가 되기 위해 신학공부를 시작한다. 또한 수많은 사람들이 목사 안수를 받고 목회자의 길을 간다. 한 사람이 목회자가 되겠다고 결심하고 목회자의 길을 향해 나서는 것을 보시는 하나님은 하늘을 가르시며 "내가 너를 사랑한다"고 말씀하실 것이다. 하나님은 모두가 자기 이익만을 좇아 살아가는 세상에서 하나님 나라를 위해 살겠다고 나서는 사람을 보시고 기뻐하실 것이다. 슬픈 영혼을 위로하고, 가난한 사람에게 용기를 주고, 약자의 편이 되어 살겠다고 나서는 목회자를 보실 때, 하나님의 가슴은 뛸 것이다. 하나님은 마태와 누가의 표현대로 하늘을 여시고, 마가의 표현대로 하늘을 가르시고, "내가 너를 사랑한다"고 온 우주가 울리도록 말씀하실 것이다. 하나님은 한 영혼을 위해 애타는 심정으로 하나님께 호소하는 목회자를 보시고 성전 휘장을 찢으시고 달려 나와 감싸안아 주실 것이다. 갈라진 하늘과 찢어진 성전 휘장을 통해 내려주시는 거룩한 은총이 상처 입은 땅, 땅의 사람들, 그리고 교회를 치유할 것이다.

교인과 목회자, 그리고 교인과 교인은 서로 환대해야 한다. 교인은 먼 곳에서 목회자를 찾아온 낯선 이다. 그 교인은 수많은 목회자들 중에서 한 사람을 선택하고 찾아왔다. 그 목회자가 자기를 환대해 줄 거라고 기대했기 때문이다. 찾아온 교인은 교육이나 훈련의 대상이 아니라 환대의 대상이다. 목회자의 환대를 받은 교인은 거친 광야와 같은 세상을 힘있게 걸어갈 것이다. 목회자도 한 교인을 만나기 위해 먼 곳에서 찾아온 낯선 이와 같다. 그 교인이 그 목회자를 환대할 때 하늘의 은총이 선물로 주어진다. 교인의 환대를 받은 목회자는 더 많은 나그네들을 환대할 수 있는 힘을 얻는다. 교인들도 교인 서로에게 낯선 이로 찾아온 손님과 같은 존재다. 서로 환대하면 신앙이 깊어지고 영성이 꽃을 피운다.

04

낯선 이를 환대하라

chapter 01

우리를 찾아오는 낯선 이들

어느 날 한 소년 도망자가 적의 눈을 피해 작은 마을로 숨어 들어왔다. 마을 사람들은 친절하게 대해 주었고 그에게 피신처까지 제공해 주었다. 그러나 도망자를 찾는 병사들이 와서 그가 어디에 숨어 있는지 묻자 마을 사람들은 모두 겁에 질렸다. 병사들은 동트기 전까지 도망자를 내놓지 않으면 마을에 불을 지르고 사람들을 모두 죽이겠다고 협박했다. 마을 사람들은 목사님을 찾아가 어떻게 해야 할지 물었다. 목사님은 그 소년을 적에게 넘겨주어야 할지, 아니면 마을 사람들이 다 죽게 두어야 할지 고심하다가 혼자 방으로 들어가 성경을 읽으면서 동트기 전까지 해답을 얻을 수 있기를 바랐다. 꽤 많은 시간이 흘러 새벽녘이 되었을 무렵, 목사님은 말씀 한 구절을 발견했다. 그것은 온 민족이 멸망하는 것보다 한 사람이 죽는 편이 낫다는 구절이었다(요 11:50). 날이 밝자 목사님은 성경을 덮고 병사들을 불러 그 소년이 어디에 숨어 있는지 알려 주었다. 병사들은 그를 끌고 가서 죽였고, 마을에는 축제가 벌어졌다. 목사님이 마을 사람들의 목숨을 구했기 때문이었다. 그러나 목사님은 그들과 함께 기뻐하지 않았고, 깊은 슬픔에 잠겨 자신의 방에 틀어박혀 있었다. 그날 밤 한 천사가 목사님을 찾아와 물었다.

"너는 무슨 일을 했는가?"
"저는 도망자를 적군에게 넘겨주었습니다."
"네가 메시아를 넘겨주었다는 사실을 모르는가?"
그러자 목사님은 괴로워하며 반문했다.
"제가 무슨 수로 그것을 알 수 있었겠습니까?"
그러자 천사가 말했다.
"성경을 읽는 대신 한 번이라도 소년을 찾아가 그의 눈을 들여다
보았더라면 너는 그 사실을 알았을 것이다."

이 이야기는 나우웬Henri Nouwen의 『상처 입은 치유자』(최원준 옮김, 도서출판 두란노, 1999)에 나온다. 나우웬은 이 시대의 젊은이들의 모습과 그들을 대하는 사회의 태도를 묘사하기 위해 이 이야기를 사용했다. 이 시대는 젊은이들을 벼랑 끝으로 몰고 간다. 그들은 살기 위해 도망 다니고 피신처를 찾아다닌다. 나우웬은 이 시대의 사람들이 절망하고 불안해하는 젊은이들의 눈만 들여다보아도 그들을 보호해 줄 것이고, 보호받은 젊은이들은 이 시대를 구원할 수 있을 것으로 보았다.

경쟁 사회에서 밀려난 젊은이들이 자신들을 보호해 줄 곳을 찾고 있다. 부모에게서 학대받고 교실에서 문제아라고 따돌림받고 비행청소년이라고 낙인찍힌 아이들이 갈 곳을 잃고 헤매고 있다. 가까운 사람들에게 냉대받고 배제되

어 살아온 사람들이 한 번만이라도 자신을 흠뻑 환대해 줄 사람을 찾고 있다. 이 땅을 고향 삼아 살려고 다른 나라에서 온 사람들이 자기를 환대해 줄 곳을 찾아 다닌다. 세상이 낯설게 느껴지고 늘 마음이 추운 사람들이 마음을 따뜻하게 해 줄 사람을 찾고 있다. 이들 모두 환대가 필요한 사람들이다. 환대해 주는 곳이 없어서 세상이 낯설게 느껴지는 사람들이다. 그들은 환대는커녕 적대시되고 쫓겨난 사람들이다. 그들은 환대를 기대하며 교회에 나오고, 목회자와 상담자를 찾아온다.

환대를 기대하며 찾아온 사람에게 다른 곳에 가 보라고 문을 닫아버리면 안 된다. 문 밖에 너무 오래 세워 두어도 안 된다. 그들을 평가하거나 분석해서도 안 된다. 그들을 어떻게 보내야 할지를 알아보려고 성경을 찾고 기도를 해서도 안 된다. 반대로 그들을 어떻게 맞이해야 할지, 어떻게 환대해야 할지 알아보기 위해 성경을 보고 기도해야 한다. 그러나 무엇을 어떻게 하기 전에 먼저 그들의 얼굴과 눈을 들여다보는 것이 중요하다. 그들의 눈을 들여다보면 그들의 절망과 소망, 그들의 불안과 기대가 훤히 보이고, 그들의 얼굴을 바라보면 무엇을 해야 할지 금방 알 수 있게 되기 때문이다.

낯선 이들의 눈을 바라보고 있으면, 그들의 눈에서 우리의 모습이 보인다. 우리도 원래 낯선 이었다. 우리도 환대해 줄 사람과 환대해 줄 장소를 찾아 다녔었다. 고맙게도 낯모르는 사람들이 우리를 맞아 주었다. 낯선 공간이 우리를 맞이해 주었다. 지금 우리가 거주하고 있는 이 공간이 환대해 주고 우리에게 쉼을 주고 먹거리를 제공해 주고 있다. 우리도 누구의 환대가 없었다면 지금도 낯선 이로 낯선 땅에서 살아가고 있을 것이다. 낯선 이들의 눈을 좀 더 오래 바라보고 있으면, 그들의 눈동자 속에 계신 예수님의 모습도 보인다. 예수님이 슬픈 눈빛으로 환대해 달라고 호소하고 계신다. 예수님이 헐벗은 모습으로 환대해 달라고 애원하신다. 우리를 찾아온 낯선 이들을 환대해 주면 우리의 공간은 더 이상 우리들만의 공간이 아니다. 지금까지 여기에 거주해 온 우리, 먼 곳에서 찾아온 낯선 이, 그리고 낯선 이와 함께 오신 예수님과 함께 하는 공간이 된다. 그러면 이 공간은 생명, 신비, 평화가 넘치는 공간이 될 것이다.

chapter 02

성서, 낯선 이로 살아간
사람들의 이야기

성서에는 낯선 이로 살아간 사람들의 이야기가 많이 있다. 아담과 이브는 정든 에덴동산을 떠나 살았다. 가인은 놋 땅을 배회하며 살았다. 족장들은 고향을 떠나 타향에서 살았다. 이스라엘 사람들은 오랫동안 이집트에서 나그네로 살았다. 이러한 이야기들은 하나님의 백성들이 어떤 모습으로 살아왔는지를 잘 보여 준다.

하나님의 백성으로 살아간 족장들은 낯선 이, 나그네, 혹은 떠돌이였다. 그들은 고향을 떠나 낯선 이로 살아갔지만, 하나님의 은총과 사람들의 환대를 통해 구원사의 주인공이 되었다. 아브라함은 하나님의 부르심에 따라 고향을 떠났다. 아버지와 형을 속인 야곱은 벌을 받을까 두려워 스스로 고향을 떠났다. 요셉은 형들의 미움을 사서 고향에서 강제로 쫓겨났다. 고향을 떠난 그들은 떠돌이와 나그네로 살아갔다. 아브라함은 자신을 나그네와 떠돌이라고 소개했고(창 23:4), 야곱도 바로 왕에게 자신을 소개하면서 나그네의 길을 걸어왔다고 말했다(창 47:9). 청소년 시절에 고향을 떠난 요셉은 남의 땅에서 살다 죽었다. 고향을 떠난 족장들은 낯선 곳에서 낯선 이로 살아갔다. 그러나 그들은 낯선 이로 살아가는 동안 타향 사람들의 환대를 받았다. 아브라함은 타향 사람들의 환대를 받았고, 야곱은 외삼촌 가족의 환대를 받았고, 요셉은 이집트 사람들의 환대를 받았다. 족장들은 타향 사람들의 환대가 없었으면 생존하기 힘들었을 것이다.

성서의 이스라엘 사람들은 족장들의 이야기를 읽으면서 자기가 누구인지, 어떻게 살아야 하는지 배웠다. 그들은 족장들의 이야기를 읽으면서 자기도 나그네와 같다는 것을 배웠다. 그들은 족장들이 낯선 곳에서 낯선 이로 살아가는 동안 다른 사람들로부터 받았던 환대를 기억하면서 그들도 다른 사람들, 특히 낯선 이들을 환대하며 살아야 한다는 것을 배웠다. 그들은 족장들이 하나님의 돌보심이 없었으면 생존할 수 없었다는 것도 배웠다.

족장들의 이야기는 이스라엘 민족의 뿌리가 되는 이야기인 동시에 기독교인의 삶의 모형이 되는 이야기다. 그들의 이야기는 하나님을 믿고 순종하고 의지하면 축복받는다는 성공 스토리가 아니다. 아브라함처럼 하나님의 명령에 순종하고, 야곱처럼 하나님께 매달리고, 요셉처럼 큰 꿈을 가지면 복받는다는 이야기도 아니다. 그들의 이야기는 하나님을 믿는 사람들은 나그네로 살아가는 도상에 있으며, 하나님의 은총과 타인의 환대에 의지하며 살아가는 존재라는 것을 말해 준다. 그들의 이야기는 나그네와 같은 낯선 사람들에게 환대를 베풀고 살아가는 것이 하나님의 백성으로서의 삶이란 것을 알려 준다.

chapter 03

환대의 선물

환대의 본질은 내 공간에 타인을 받아들이는 것이다. 나의 공간은 나를 보호해 주는 공간이다. 따라서 타인, 그것도 낯선 이를 환대하기 위해 나의 공간을 제공하는 것은 많은 위험 부담이 따른다. 그러나 내 공간이 환대의 공간이 되면 그곳은 환대받는 사람이나 환대하는 사람 모두에게 축복과 은총의 공간이 된다.

환대는 환대받은 사람에게 축복이며 은총이다. 어떤 사람에게는 생애 처음 받는 환대일 수도 있다. 환대받은 사람은 환대받은 존재, 환영받은 존재, 기다림받은 존재가 된다. 이제까지 냉대와 무시 속에 살던 사람들도 누군가로부터 환대를 받으면 귀한 존재가 된다. 그들에게 누군가가 자신을 환영해 주고,

자신의 이름을 부르면서 말을 건네며, 헤어질 때 잘 가라고 손짓하며 다시 만나
자고 말하는 것은 매우 감동적인 새로운 경험이다. 다음은 상담 중에 한 내담자
가 한 말이다.

> 선생님이 따뜻하게 대해 주셨을 때 처음에는 낯설고 이상했습니
> 다. 삶이 너무 거칠고 많이 외로웠습니다. 집, 따뜻함, 엄마, 고
> 향과 같은 말들은 저와 상관없는 것이었습니다. 죽어도 더 이상
> 아버지에게 매를 맞으면서 살진 않겠다고 가출한 후, 살기 위해
> 안 해 본 일이 없었습니다. 결혼한 후의 삶도 마찬가지였습니다.
> 그냥 살고만 있습니다. 얼마 전부터 교회에 다니고 있지만 크게
> 달라진 것은 없습니다. 교회에 가면 더 춥고 외롭게 느껴질 때도
> 있습니다. 요즈음에는 왠지 알 수 없는 눈물이 자꾸 나서 친구에
> 게 말했더니 상담을 해 보라고 했습니다. 선생님이 밝은 얼굴로
> 저를 맞이해 주시고, 제 이야기에 귀 기울여 주시고, 상담이 끝나
> 면 다음주에 만나자고 손 흔들어 주셨습니다. 집으로 가는 동안
> 내 마음 저 깊은 곳에 꽁꽁 얼어붙은 부분이 조금씩 녹는 것 같았
> 습니다. 그리고 다음주에 만나자는 약속이 그렇게도 정겹게 들릴
> 수가 없었습니다. 나를 기다려 준다는 사람이 있다는 사실에 일
> 주일 동안 설레었습니다. 그런데 한편으론 좋으면서도 다른 한편
> 으론 눈물이 그치지 않습니다. 상담을 시작하기 전보다 더 진하
> 고 아픈 눈물이 납니다. 왜일까요?

환대는 어둡고 추운 곳을 비추는 따스한 햇살과 같다. 상처가 환대의 햇
살을 받으면 아픔을 느끼기 시작하고, 억눌렸던 서러움이 눈물로 바뀐다. 이
때 비로소 치유가 일어나기 시작한다. 환대받은 사람은 환대에 힘입어 자신의
삶을 힘있게 살아갈 수 있다. 환대받은 사람은 환대를 오래 오래 기억하면서

나그네 길을 계속 갈 수 있다.

상담을 종료한 한 내담자가 상담자에게 준 엽서에 이렇게 쓰여 있었다.
"눈여겨보아 주고 마음 써 줌이 한 영혼을 구원할 수 있다는 확신을 갖게 해 준
따뜻한 사랑의 뜰에서, 가던 길을 멈추고 잠시 쉬었다 떠납니다. 가쁜 숨도 돌
리고, 신발 끈도 다시 매고, 버릴 수 없는 흩어진 짐들을 다시 챙겨, 떠나기 전
에 가야 할 길을 바라봅니다. 햇볕이 몹시 따가운 날이나 바람이 세차게 부는 날
에는 뜰에서의 쉼과 주인의 환대를 기억하며 힘을 낼 것입니다. 감사했습니다."
환대는 배제와 냉대의 기억으로 가득 찬 낯선 이들의 가슴에 오래도록 남아 있
을 따뜻한 선물이다.

환대는 환대를 제공하는 사람에게도 축복이고 은총이다. 환대는 상대를
변화시키면서 우리를 변화시킨다. 환대를 제공하는 순간부터 주객이 바뀌게 된
다. 환대하는 사람은 처음에는 낯선 이에게 필요하다고 여겨지는 것을 제공하
고, 이어서 낯선 이가 필요하다고 요구하는 것에 응해야 한다. 이제까지는 모든
것의 중심이 나 자신이었는데, 이제부터는 타자가 중심이 된다. 내 집 내 공간
을 낯선 이에게 제공할 뿐만 아니라 낯선 이에게 맞춰 재구성해야 한다. 낯선 이
를 나의 구조에 맞추는 것은 환대가 아니다. 환대는 오히려 나의 구조를 낯선 이
에게 맞추는 것이다. 이것은 이제까지 살아온 삶의 방식을 나 중심에서 상대 중
심으로 바꾸는 것이다. 이것은 놀라운 일이다. 그동안 우리는 우리 자신을 바꾸
려고 얼마나 노력했던가? 그러나 노력하면 노력할수록 오히려 자기중심적이 되
었다. 그런데 우리에게 찾아온 낯선 이에게 초점을 맞추면 우리는 변화하기 시
작한다. 변화는 우리 안에서 일어나는 것이 아니라 밖에서 온 낯선 이에게서 시
작된다. 찾아온 낯선 이가 우리를 변화시킨다.

유대인 철학자 레비나스Emmanuel Levinas는 "우리는 타자를 환대함으로써

주체가 된다"고 보았다. 주체는 사유나 결단이 아니라 타자에게 초점을 맞춤으로써 형성된다는 것이다. 그는 우리를 찾아온 타자의 얼굴을 바라보라고 말한다. 얼굴은 신체 부분 중에서 가장 상처 입기 쉬운 부분이다. 다른 부분은 가릴수 있어도 얼굴은 가리지 못한다. 타자는 벌거벗은 얼굴로 우리 앞에 서 있다. 레비나스는 그 얼굴이 우리에게 호소한다고 말한다. 우리가 타자의 얼굴의 호소를 듣고 응답할 때 비로소 주체가 된다는 것이다. 낯선 이를 환대하고 그의 얼굴을 바라보고 그 얼굴의 호소에 응답할 때 낯선 이는 더 이상 낯선 이가 아니라 우리를 찾아온 귀한 손님이 된다. 그리고 우리는 찾아온 손님을 환대함으로 진정한 우리가 된다.

성서에서 하나님은 낯선 이를 통해 하늘의 선물을 전해 주신다. 그 예가 바로 아브라함의 이야기다(창 18장). 나그네로 살아오면서 다른 사람들의 환대를 받아 온 아브라함과 사라는 그들의 집 앞을 지나가는 나그네들을 그냥 보내지 않았다. 괜찮다며 사양하는 그들에게 정성을 다해 음식을 대접하고 극진히 대우해 주었다. 아브라함은 그들을 주인으로, 자신을 종으로 표현하면서 대접했다(창 18:3). 놀랍게도 나그네 세 사람 중 한 사람이 하나님으로 묘사된다. 하나님은 나그네처럼 혹은 나그네의 한 사람으로 아브라함에게 오셨다. 환대받은 하나님은 아브라함에게 두 가지 비밀을 알려 주셨다. 하나는 사라가 곧 임신한다는 것이었고, 다른 하나는 소돔과 고모라성이 곧 멸망한다는 것이었다. 나그네는 정체를 알 수 없는 사람이다. 누구인지, 어디서 왔는지 어디로 가는지 알 수 없다. 그런데 '알 수 없음'은 환대로 인해 '알 수 있음'으로 바뀐다. 아브라함과 사라는 낯선 이를 환대함으로 하나님의 비밀을 알게 되었다. 그것은 아주 큰 선물이었다. 하나님은 낯선 이들에게 선물을 맡겨 놓으셨다. 그것은 그들을 환대하는 사람들에게 줄 선물이다. 낯선 이는 선물을 들고 오는 사람이다. 그 선물이 신비하고 놀라운 방법으로 우리의 삶을 새롭게 만들어 준다.

환대는 환대를 제공한 사람이나 받은 사람 모두에게 낯선 이, 낯선 것, 알 수 없음에 대한 열린 자세를 갖게 해 준다. 이 열린 자세가 삶을 더욱 풍성하게 만들어 준다. 다음은 13세기 아랍의 신비주의 시인 잘란루딘 루미의 〈여인숙〉이라는 제목의 시다. 이 시는 『사랑하라 한 번도 상처받지 않은 것처럼』(류시화 엮음, 오래된미래, 2005)에 나온다.

인간이라는 존재는 여인숙과 같다.
매일 아침 새로운 손님이 도착한다.

기쁨, 절망, 슬픔
그리고 약간의 순간적인 깨달음 등이
예기치 않은 방문객처럼 찾아온다.

그 모두를 환영하고 맞아들이라.
설령 그들이 슬픔의 군중이어서
그대의 집을 난폭하게 쓸어가 버리고
가구들을 몽땅 내가더라도.

그렇다 해도 각각의 손님을 존중하라.
그들은 어떤 새로운 기쁨을 주기 위해
그대를 청소하는 것인지도 모르니까.

어두운 생각, 부끄러움, 후회
그들을 문에서 웃으며 맞으라.
그리고 그들을 집 안으로 초대하라.
누가 들어오든 감사하게 여기라.

모든 손님은 저 멀리에서 보낸
안내자들이니까.

　　이 시는 우리 집에 찾아오는 손님을 저 멀리서 우리를 찾아온 삶의 안내
자로 본다. 낯선 이는 위험한 사람이 아니다. 낯선 이는 아주 먼 곳에서 귀한 선
물을 들고 나를 찾아오는 손님이다. 낯선 것은 두려움의 대상이 아니라 신비로
움이다. 그것은 우리 삶에 새로움을 더해 주는 귀한 요소이며 삶을 더욱 풍성하
게 만들어 주는 안내자다.

chapter 04

신앙 실천과 영성으로서의 환대

예수님은 낯선 이를 환대하기를 꺼려하고 주저하는 우리들에게, 예수님 자신이 헐벗고 굶주리고 병든 모습으로 우리를 찾아오신다고 말씀하셨다(마 25장). 구원과 멸망은 낯선 이를 어떻게 대하느냐에 달려 있다고 하셨다. 심판 때에 구원받는 사람들은 헐벗은 낯선 이를 환대한 사람들이다. 반대로 멸망받는 사람들은 헐벗은 낯선 이를 냉대한 사람들이다. 예수님은 헐벗은 낯선 이에게 동정을 베풀라고 하시지 않고 그들을 환대하라고 하신다. 예수님은 우리를 찾아오는 헐벗은 낯선 이가 바로 예수님 자신이라고 말씀하셨다. 그 헐벗은 낯선 이를 환대함으로 우리가 하나님의 자녀가 될 수 있다고 하셨다.

바울도 환대의 실천을 강조하고(로 12:13), 환대를 교회 지도자들의 자격 가운데 하나로 열거한다(딤전 3:2, 5:10). 히브리서도 아브라함이 손님 대접하는 이야기를 예를 들어 환대를 강조한다(히 13:2). 하나님은 이스라엘 사람들이 다른 민족과 구별되는 거룩한 백성이 되는 길이 바로 환대라고 하셨다. "외국 사람이 나그네가 되어 너희의 땅에서 너희와 함께 살 때에, 너희는 그를 억압해서는 안 된다. 너희와 함께 사는 그 외국인 나그네를 너희의 본토인처럼 여기고, 그를 너희의 몸과 같이 사랑하여라. 너희도 이집트 땅에 살 때에는, 외국인 나그네 신세였다. 내가 주 너희의 하나님이다"(새번역, 레 19:33~34). 하나님의 백성은 낯선 이를 환대하는 사람들이라는 것이다. 힘들어도 하나님의 백성은 그렇게 살아야 한다는 것이다. 그러므로 신앙이 좋아졌다는 것은 내가 낯선 사람을 환대할 수 있는 능력이 많아졌다는 의미다. 우리 교회가 부흥했다는 것은 우리 교회를 통해 더 많은 사람들이 환대받았다는 의미다. 우리 교회가 성장했다는 것은 우리 교회가 더 좋은 환대의 공동체가 되었다는 뜻이다.

환대는 꼭 낯선 이에게만 필요한 것은 아니다. 환대는 일상의 삶에서도 필요하고 중요하다. 환대는 부모와 자녀, 아내와 남편, 목회자와 교인, 상담자와 내담자 사이에도 필요하다. 자녀는 우리 가정에 찾아와 잠시 머물다 가는 손님과 같은 존재이기 때문에 부모는 자녀를 환대해 주어야 한다. 부모는 아이에게 세상이 자기를 환대한다는 경험을 갖게 해 줘야 한다. 아이가 부모로부터 환대받으면 언젠가 부모를 떠나서도 자기의 길을 힘있게 걸어갈 것이다. 그러나 부모로부터 학대와 냉대를 받으면 심리적으로 부모를 떠나지 못할 뿐만 아니라 평생 그로 인한 상처를 지니고 살아가야 한다. 가정에서 환대받지 못하는 아이들이 얼마나 많은가? 가정에서 환대받지 못한 그들은 자기들을 환대해 줄 다른 곳을 찾아 길을 헤맨다. 슬픈 현실이다. 가정에서 환대받지 못한 그들이 어디에서 환대받을 수 있을까?

아내와 남편은 서로 환대해 주어야 한다. 아내는 환대를 기대하면서 수

많은 남자들 중 한 사람을 찾아 먼 곳에서 찾아온 낯선 이다. 남편도 수많은 여성들 중 한 사람을 찾아 먼 곳에서 온 낯선 이다. 아내는 지금까지 냉대받고 살아온 사람일 수 있다. 남편도 세상에서 무시당하고 소외되며 살아온 사람일 수 있다. 아내와 남편이 서로 환대하면 두 사람의 상처가 치유되고, 두 사람은 서로에게 세상에서 가장 귀한 존재가 된다. 하나님은 환대하는 남편과 아내를 통해 하늘의 선물을 듬뿍 안겨 주신다.

교인과 목회자, 그리고 교인과 교인은 서로 환대해야 한다. 교인은 먼 곳에서 목회자를 찾아온 낯선 이다. 그 교인은 수많은 목회자들 중에서 한 목회자를 선택하고 찾아왔다. 그 목회자가 자기를 환대해 줄 거라고 기대했기 때문이다. 찾아온 교인은 교육이나 훈련의 대상이 아니라 환대의 대상이다. 목회자의 환대를 받은 교인은 거친 광야와 같은 세상을 힘있게 걸어갈 것이다. 목회자도 한 교인을 만나기 위해 먼 곳에서 찾아온 낯선 이와 같다. 그 교인이 그 목회자를 환대할 때 하늘의 은총이 선물로 주어진다. 교인의 환대를 받은 목회자는 더 많은 나그네들을 환대할 수 있는 힘을 얻는다. 교인들도 교인 서로에게 낯선 이로 찾아온 손님과 같은 존재다. 서로 환대하면 신앙이 깊어지고 영성이 꽃을 피운다.

내담자도 상담자를 찾아온 낯선 이와 같다. 내담자는 헐벗은 마음을 가진 낯선 이로 상담자를 찾아온다. 상담자는 난로에 불을 켜 놓고 따뜻한 차를 준비해 놓고 기다리는 사람이다. 상담자는 문 두드리는 소리에 문을 열어 주고 따뜻하게 맞아 주는 사람이다. 상담자는 찾아온 내담자에게 "여기는 당신이 마음 편히 머물 수 있는 공간이다"라고 일러 준다. 처음에 내담자는 그런 환대가 믿겨지지 않는다. 그런 대우를 받아본 일이 없기 때문이다. 그런 대우를 받을 만한 존재가 아니라는 생각을 갖고 살아왔기 때문이다. 내담자는 언제나 나그네였고 이방인 취급을 당했기 때문에, 이곳이 바로 자기를 위한 공간이란 사실이

실감나지 않는다. 그러나 상담자가 내담자를 환대해 주면 내담자는 그곳에서 서서히 평안과 안정을 느낀다. 상담자가 내담자를 따뜻하게 맞이해 주고 그 사람의 삶의 이야기에 귀를 기울이면, 그 사람은 묻지도 않은 이야기를 꺼내기 시작한다. 한 번도 다른 사람에게 말하지 않았던 이야기, 나그네로 살아오면서 거칠고 외로웠던 삶의 이야기를 한다. 그동안 내담자의 삶은 주체적이지 않았다. 생존하기 위해 남의 눈치만 보며 살아 왔다. 그러나 환대받은 내담자는 조금씩 자기 삶의 주인이 되어 간다. 환대에 힘입어, 귀한 존재로서 자신의 삶을 힘있게 살아간다. 환대받은 사람은 환대를 오래 오래 기억하면서 나그네 길을 계속 걸어간다.

초대교회는 나그네를 환대하는 공동체였다. 험한 세상에서 나그네로 살아가는 사람들이 잠시 머물면서 환대를 받고 가는 곳이었다. 초대교회 교인들은 집집마다 담요 한 장과 빵 한 덩이를 의무적으로 가지고 있었다고 한다. 나그네가 오면 언제든지 내어 주기 위해서다. 초대교회는 낯선 이들을 더 잘 환대하기 위해 집사 제도를 만들어서 운영하기도 했다. 교회는 환대의 공동체가 되어야 한다. 교회가 더 따뜻해지고 낯선 이들을 더욱더 환대해야 한다. 목회자는 환대의 사람이 되어야 한다. 목회자가 더 따뜻해져야 한다. 말, 얼굴 표정, 자세에서도 따뜻함이 배어 나와야 한다. 예수님은 "낯선 이를 환대하라"고 말씀하셨다. 하나님 나라는 헐벗은 낯선 이와 함께 벌이는 환대의 잔치라고 하셨다. 예수님은 오늘도 낯선 이, 헐벗고 배고프고 목마른 사람의 모습으로 우리를 찾아오신다. 우리가 낯선 이를 환대하면 우리도 하나님 나라에서 환대받을 것이다.

교인들은 주로 예배와 설교를 통해 은혜를 경험한다. 예배실은

하나님의 넓고 포근한 품과 같다. 하나님은 예배실의 문을 열고

들어오는 사람들을 두 팔 벌려 맞이해 주신다. 예배가 진행되면

서 한 영혼은 점점 하나님의 품안에 안기게 된다. 설교는 하나님

의 품안에서 듣는 말씀이다. 하나님 품안에서 듣는 말씀은 속삭

이는 말씀이지 야단치는 말씀이 아니다. 하나님의 품안에서 듣

는 말씀의 주제는 "내가 너를 사랑한다"다. 이것은 새로운 경험,

따뜻한 경험이다. 하나님의 품안에서 따뜻한 경험을 한 사람들

은 세상을 향해 힘있게 나아갈 수 있다. 그들은 하나님의 자녀로

흐뭇한 이야기를 만들어 갈 수 있다.

05

따뜻한 경험, 흐뭇한 이야기

chapter 01

이야기 부재의 시대

다영은 대학에 들어가자마자 다양한 활동에 참가했다. 방학이 되면 해외 그것도 오지로 돌아다녔다. 때론 한 달 동안 가족과 연락도 되지 않은 곳에 가 있기도 했다. 학기 중에도 동아리 활동으로 바빴다. 학점은 엉망이었다. 부모님은 걱정이 태산 같았다. 하루는 다영이가 엄마에게 말했다. "엄마, 너무 걱정하지 마세요. 공부보다 훨씬 더 값진 경험을 하고 있으니까요." 엄마가 말했다. "다영아, 처음에는 걱정했는데 지금은 걱정보다 네가 너무 부럽고 샘나는구나. 너는 벌써 지구의 구석구석을 돌아다녔으니 할 이야기도 많잖니? 나는 할 이야기가 별로 없단다. 대학 졸업하자마자 결혼해서 너 낳고 키웠어. 그게 다야." 엄마의 눈에 눈물이 맺혔다. "나는 맨날 똑같아. 그래도 다행인 것은 늦게라도 교회에 다닌다는 거란다. 그렇지 않았으면 엄마는 더 많이 외롭고 힘들었을 거야."

엄마는 한숨을 쉬었다. 다영이의 마음도 아팠다.

　"아빠, 아빠도 울 때가 있어?" 딸 선영이가 물었다. "그럼, 아빠도 울 때 있지." 아빠는 금방 대답했다. "난 남자들은 안 우는 줄 알았는데. 그럼 아빠는 언제 울어?" 딸의 질문에 아빠는 잠시 생각하더니 말을 이어 갔다. "딸아, 남자들도 운다. 그런데 남자들은 몰래 혼자서 운다. 남자들은 아무 데서나 울 수 있는 여자들이 부러울 때가 있어. 나이 쉰을 넘으면 슬픔은 언제나 남자들의 주변을 맴돌고 있는 것 같단다. 아빠도 어떤 때는 왜 슬픈지도 모르고 슬플 때가 있거든. 남자들은 노래방에서 노래하면서도 운단다. 그래서 아빠 나이가 된 남자들의 노래 소리는 가사와 곡과는 상관없이 우는 것처럼 들리는 것인지도 몰라. 아빠는 어느 새 훌쩍 커버린 너를 바라보면서 머지않아 결혼식장에서 너를 네 신랑에게 넘겨 줄 때 울지 않으려고 조금씩 미리 울어 둔단다. 끼니를 놓쳐 배가 고플 때 밥을 먹고 나면 울음은 부른 배만큼 불뚝 나와 있단다. 한 끼 안 먹는다고 죽지 않는데, 누가 빼앗아 먹는 사람도 없는데 허겁지겁 먹은 모습이 부끄럽기 때문이지. 아빠도 남들 못지않게 성취하고 싶은 만큼 성취했는데, 영혼 없는 삶을 살아온 것 같아서 슬프단다. 딸아, 남자들은 울지 않게 해 달라고 기도드리면서도 운단다." 아빠의 이야기는 계속 되었다. 3년 전에 갑자기 돌아가신 아빠의 어머니가 많이 보고 싶다는 이야기, 사람들과 좋은 관계를 만들지 못해서 아쉽다는 이야기, 너무 앞만 보고 달려 왔다는 이야기, 요즈음에는 믿음이 예전보다 조금 더 진실해진 것 같다는 이야기 등등. 딸과 아빠는 오랫동안 이야기했다. 딸은 "아빠, 울음이 나올 땐 나에게 말해. 내가 아빠의 울음 동무, 이야기 동무가 되어 줄게"라고 말했다. 아빠는 "그래, 고마워. 우리 딸하고 이야기하니 참 좋네"라고 대답했다. 오랜만에 아빠와 딸은 손을 잡고 길을 가면서 많은 이야기를 나누었다.

　지선은 상담에서 주로 아버지, 어머니, 오빠, 그리고 교회에 대한 이야기를 많이 했다. 상담자가 "당신의 삶, 느낌, 좌절, 분노 혹은 소원"에 대하여 이야기해 보라고 했을 때 지선은 갑자기 말을 멈췄다. 그 순간 아무런 생각도 나지 않았고 가슴이 답답해지기 시작했다. 끙끙거리다가 집으로 돌아간 지선은 일주일 내내 앓았다. 숨쉬기가 곤란했고 머리도 아팠다. 조금 회복된 다음에는 삼일 동안 매일 울었다. "왜 나의 이야기에 내가 없을까?" "왜 나는 내 느낌과 생각을 말하기가 힘든가?" 고등학교 때까지 지선의 소원은 부모에게서 "우리 딸 지선이, 최고"라는 말 한 번 듣는 것이었다. 지선의 오빠는 가정의 희망이었고 부모님의 자랑이었다. 오빠는 못하는 것이 없었다. 전교 일등을 놓친 적이 없었고, 예체능도 뛰어났다. 지선은 오빠만큼 잘하지는 못했지만 나름대로 열심히 공부했다. 부모님의 인정을 받기 위해 고등학교 2학년 때 열심히 공부하여 반에서 우등했다. 그 때 부모님은 "지선이도 잘할 때가 있네"라고 말했다. 부모님의 인정과 칭찬을 잔뜩 기대했었는데 고작 그뿐이었다. 그날 이후 지선은 부모님에게서 마음이 멀어지기 시작했다. 자신도 놀랄 정도로 마음이 싸늘해졌다. 아무리 잘한 일이 있어도 부모님에게 말하지 않았다. 부탁할 일이나 힘든 일이 있어도 말하지 않고 혼자 해결했다. 부모님은 그런 지선을 보고 독립심이 강하다고 말했지만 지선의 마음은 늘 외로웠고 슬펐다. 부모님과 오빠가 함께 있을 때는 자리를 피했다. 대학도 집에서 먼 지방에 있는 대학에 들어갔다. 방학 때도 집에 가지 않았다. 지선은 열심히 공부했다. 평점이 4.0을 넘었지만, 부모님께 말하지 않았다. 지선은 대학 때 가입한 기독동아리 활동에 열심히 참여했다. 정기모임, 훈련모임, 단기선교 등 다 참여했다. 그러나 마음은 늘 외로웠다. 최근에 약간의 우울증에 시달리면서 상담을 시작했다. 지선은 상담하면서 자신의 삶의 이야기에 자기가 없다는 것을 발견하고 많이 당황했다. 그러고 보니 아무도 자기에게 "네 생각은 무엇이니? 네 느낌은 어떠니?"라고 묻는 사람이 없었던 것 같았다. 그리고 다른 사람에게 자신의 느낌이나 생각을 이야기해 본적이 별로 없었던 것 같았다.

chapter 02

삶이 힘든 이유

　왜 삶이 힘들까? 아직도 치유되지 않은 상처가 남아 있기 때문이다. 지선은 부모님에게 인정받지 못한 상처 때문에 힘들어한다. 지선의 상처가 치유되려면 먼저 상처가 이야기되어져야 한다. 상처가 이야기되지 않으면 상처가 생각과 감정과 행동을 지배한다. 반면에 상처가 이야기되면 상처는 견딜 만해지고 치유되기 시작한다.

　왜 삶이 재미없고 지루하게 느껴지나? 삶의 경험들이 하나의 의미 있는 이야기로 만들어지지 않기 때문이다. 또한 성공한 이야기나 잘한 이야기가 없어서가 아니라 감동적인 이야기가 없기 때문이다. 삶 자체가 재미없고 지루한 것이 아니라 삶의 이야기가 재미없고 지루한 것이다.

왜 우울할까? 삶의 이야기를 하고 나니 그 내용이 너무 빈약해서다. 그래도 인생의 절반 이상을 살아온 삶에 대한 이야기인데 너무나 단순하고 재미없고 감동이 없다. 이야기하고 나니 "이게 나의 삶이다"라고 말하기에 쑥스럽다. 다영의 엄마가 눈물을 흘린 이유도 이제까지 살아온 삶이 너무 단순하고 앞으로의 삶도 이제까지의 삶과 별반 차이가 없을 것 같다는 생각 때문이다.

매일 수많은 사건들이 일어난다. 사람들은 이런저런 일들로 많이 바쁘다. 교회에는 모임도 많고 다양한 프로그램들도 많이 있다. 그러나 사건은 많으나 정작 이야기는 많지 않다. 만들어진 이야기도 그렇게 의미 있고 풍성한 이야기가 아니다. 삶이 힘든 것은 바쁘고 피곤해서만은 아니다. 삶이 하나의 의미 있는 이야기로 만들어지지 않아서 힘든 것이다. 삶에 지친 것이 아니라 이야기가 살아나지 않아서 힘든 것이다. 이것은 개인이나 가정 그리고 교회나 사회에서도 마찬가지다.

건강한 사람들은 자신의 삶을 재미있고 신나게 이야기한다. 그들의 이야기는 풍성하고, 이야기하고 나면 더욱 자신감이 생긴다. 그들의 이야기를 듣는 사람도 덩달아 신난다. 건강한 사람들은 자신의 이야기를 각색하여 재미있게 이야기할 줄 안다. 반면 건강하지 않은 사람들의 이야기는 재미가 없다. 너무 단순하고 내용도 빈약하다. 그들은 같은 이야기를 반복한다. 심지어 그들은 자신의 이야기를 남의 이야기처럼 말하기도 한다.

건강한 가족은 이야기가 넘쳐난다. 가족들이 모이면 이야기꽃이 활짝 핀다. 아버지의 이야기도 재미있고 어머니의 이야기도 감동적이다. 아이들도 신나게 자신들의 이야기를 한다. 가족 모두가 자기 이야기의 주인공이다. 한 사람이 이야기하면 나머지 가족들은 귀담아 듣고 궁금해하면서 더 이야기해 달라며 질문도 많이 한다. 그러다 보면 이야기하는 사람도 신이 나고 가족관계도 두터

워진다. 그러나 건강하지 않은 가족에는 이야기가 거의 없다. 대신 규칙, 훈계, 명령, 순종만 있을 뿐이다. 누가 이야기해도 귀담아 듣지 않는다. 또 누가 이야기한다고 해도 한 사람만 이야기하고 나머지 가족들은 입을 다문다. 한 사람만 주인공이고 다른 사람들은 조연일 뿐이다.

건강하고 은혜로운 교회는 이야기가 넘쳐난다. 교인들은 만나면 시끄럽고 수다스럽다. 교인들은 용서받고 용납받은 이야기, 은혜받은 이야기, 변화된 이야기를 주고받는다. 건강한 교회에는 교인들 모두가 즐겨하는 공동의 이야기가 있다. 교회 창립 이야기, 선교와 봉사 이야기, 어느 장로님 부부 이야기, 목사님 이야기, 중고등 학생들의 이야기 등등 무궁무진하다. 그러나 건강하지 않은 교회에는 이야기가 별로 없다. 교인들은 모였다가 금방 흩어지고 교인들끼리 대화도 거의 없다.

현대인의 문제는 이야기의 부재에서 비롯된다. 사건이나 경험의 조각들은 많으나 그것들이 의미 있는 이야기로 만들어지지 않기 때문에 삶이 우울하고 지루하고 재미없다. 이야기하면서 사건과 경험에 의미를 부여해야 하는데 그렇지 못해서 삶이 의미 없게 느껴진다. 개인이나 가족, 교회나 사회에 이야기가 살아나야 한다.

chapter 03

상처 입은 이야기,
빈약한 이야기, 풍성한 이야기

인간에게 어떻게 살아왔는지에 대한 책임이 있다지만 그것을 어떻게 이야기하느냐에 대한 책임도 있다. 한 번 살아온 삶은 변경시킬 수 없다. 지우고 싶은 것이 있어도 지울 수 없다. 그러나 살아온 삶에 대한 이야기는 얼마든지 다르게 각색할 수 있다. 사람들의 이야기는 다양하다. 상처 입은 이야기가 있고 빈약한 이야기와 풍성한 이야기도 있다.

자기의 이야기를 할 때마다 같은 이야기만 반복하는 사람이 있다. 그것은 상처를 준 과거에 매여 있다는 것을 의미한다. 다르게 이야기하고 싶어도 다르게 이야기할 수가 없다. 아직도 낫지 않은 상처가 주인이 되어 그 사람의 생각과 감정과 행동을 지배하고 있기 때문이다. 치유되지 않은 상처는 그 상처가 일어난 시점에 그 사람을 묶어 놓는다. 그 시점에서 심리적 성장이 멈추거나 그 시점으로부터 성장의 방향이 비뚤어지기 시작한다. 뿐만 아니라 치유되지 않은 상처는 대를 물리면서 나쁜 영향을 주고 상처 이야기는 계속된다.

이야기 중에는 풍성한 이야기가 있고 빈약한 이야기도 있다. 풍성한 이야기는 삶을 충분하게 묘사하지만, 빈약한 이야기는 불충분하게 묘사한다. 풍성한 이야기를 하고 나면 뿌듯하고 생기가 넘친다. 그러나 빈약한 이야기를 하고 나면 "이게 나의 모습이다"라고 말하기가 쑥스러워진다. 왜 어떤 이야기는 풍성하고 어떤 이야기는 빈약할까?

자기 자신이 이야기의 주인공이 되면 풍성한 이야기가 되고, 그렇지 않으면 빈약한 이야기가 된다. 주체적으로 살아온 사람들은 "이것이 나의 이야기입니다. 이것이 나의 모습입니다"라고 떳떳하게 목소리를 낸다. 상처를 입은 사람, 자신의 욕구를 억압하며 사는 사람, 혹은 남의 눈치를 보며 사는 사람은 자신의 목소리를 쉽게 내지 못한다. 이야기를 해도 자기의 모습은 드러나지 않고 자신의 이야기를 마치 남의 이야기처럼 말한다. 상처를 입으면 목소리가 줄어들고 목소리가 줄어들면 자아도 약해진다. 목소리의 상실은 자아의 상실로 이어진다. 지선은 부모님에게 인정받고 싶었던 욕구가 크게 좌절되자 목소리를 내지 않았다. 필요한 것이 있어도 요구하지 않고 혼자 해결했다. 그녀의 목소리가 줄어들면서 그녀의 자아도 약해져 갔다. 이렇게 작아진 자아는 삶을 의미 있고 풍성하게 묘사하기가 힘들다.

풍성한 이야기는 수많은 삶의 경험들을 자유롭게 사용하여 만들어지고, 빈약한 이야기는 제한된 경험들만을 사용하여 만들어진다. 삶의 경험들은 서 말 구슬처럼 무수하게 많다. 풍성한 이야기는 다양한 모습, 다양한 색깔, 다양한 크기의 구슬들을 소재로 삼아 만들어진다. 빈약한 이야기는 단조로운 색깔, 단조로운 크기, 단조로운 모양의 구슬들로 만들어진다. 빈약한 이야기는 보석처럼 빛나는 경험들을 생략하고 제외시킨다. 그 결과 빈약한 이야기에 의해 묘사되는 자아도 빈약하게 보인다. 왜 수많은 경험의 구슬들이 이야기의 소재로 사용되지 않을까? 이야기를 엮어 낼 수 있는 능력, 즉 수많은 경험의 구슬들을 사용할 수 있는 능력이 부족하기 때문이다. 치유되지 않은 상처가 남아 있기 때문이고, 이로 인한 빈약한 자아 때문이다.

사람들은 왜 이야기하고 싶어할까? 상처 입은 이야기를 하면서 치유받고 싶어서다. 더 이상 상처에 매이고 싶지 않아서다. 과거에서 벗어나고 싶어서다. 과거를 생각하면 화나고 답답하고 절망적이고 미래도 그렇게 될까 두렵다. 이런 사람들은 과거에서 벗어나고 싶을 뿐만 아니라 과거를 지금까지와는 다르게 이야기하고 싶어 이야기한다. 상처가 치유되면 과거를 다르게 이야기할 수 있다. 즉 과거를 재편집할 수 있다. 사람들이 이야기하는 또 다른 이유는 새로운 이야기를 만들고 싶어서다. 빈약한 이야기를 풍성한 이야기로 바꾸고 싶어서다. 지금까지의 이야기는 너무 재미없고 시시하고 지루하였더라도 지금부터의 이야기는 새 주제를 가지고 새로운 이야기로 만들고 싶어서 이야기하고 또 이야기한다.

그러나 과거를 다르게 이야기하고, 빈약한 이야기를 풍성한 이야기로 바꾸는 것은 쉽지 않다. 그만큼 자아가 과거 혹은 과거의 상처로 많이 약해져 있기 때문이다. 약해진 자아는 삶의 경험들을 다르게 재구성할 수 있는 능력이 없다. 이야기할 수 있는 능력이 회복되어야 의미 있는 이야기, 풍성한 이야기, 자랑스러운 이야기, 흐뭇한 이야기를 만들 수 있다. 이야기할 수 있는 능력은 좋은 경험, 혹은 따뜻한 경험을 통해 형성된다. 좋은 경험은 건강한 자아를 만들고, 건강한 자아는 흐뭇한 이야기를 만들 수 있다.

chapter 04

좋은 경험, 나쁜 경험

경험에는 두 종류가 있다. 하나는 좋은 경험이고 다른 하나는 나쁜 경험이다. 좋은 경험은 만족을 얻는 경험이고 나쁜 경험은 거절, 학대, 무시, 유기 등 불만족스러운 경험이다. 좋은 경험은 삶을 신나고 활기차게 살 수 있는 동력이 되고 미래를 긍정적으로 풍성하게 상상하고 예측하게 하는 능력을 준다. 좋은 경험은 힘들고 어려운 일을 만났을 때 스스로 위로하는 내면의 긍정적 자원이 된다.

좋은 경험과 따뜻한 경험을 한 사람은 신나는 이야기, 흐뭇한 이야기를 만들어 간다. 따뜻한 경험을 하면 기분 좋은 행동, 자랑스러운 행동을 하게 된다. 따뜻한 경험을 하면 살아가면서 신나는 이야기, 흐뭇한 이야기, 자랑스러운 이야기를 만들어 갈 수 있다. 또한 따뜻한 경험은 하나님의 풍성함과 만나게 해 준다.

뇌 과학자들은 과거를 기억할 때와 미래를 상상할 때 뇌의 활성화되는 부위가 일치한다고 말한다. 즉 기억하는 대로 기대한다는 것이다. 과거에 대한 나쁜 기억으로 가득 찬 사람에게 미래에 희망을 가지라는 격려는 도움이 되지 않는다. 불만족, 좌절, 절망의 기억이 떠오르는데 어떻게 미래에 희망을 가지라는 것인가? 좋은 기억은 좋은 미래를 낳고, 나쁜 기억은 나쁜 미래를 낳는다. 좋은 기억이 많으면 미래에 대한 기대도 긍정적이다. 미래는 새로 만들어지는 것이 아니라 기억에 심겨진 씨앗들이 싹으로 돋아나는 것이다.

좋은 기억을 위해 좋은 기억거리를 많이 만들어야 한다. 좋은 기억거리는 좋은 경험, 따뜻한 경험, 사랑받은 경험, 돌봄받은 경험이다. 감동받은 경험, 존중받은 경험, 지지받은 경험, 이해받은 경험 들이다. 비록 과거에 나쁜 경험으로 가득 찬 사람들도 지금 여기서 좋은 경험을 하게 되면 과거를 다르게 이야기할 수 있고 흐뭇한 미래를 기대할 수 있다.

상담하다 보면 비교적 빨리 회복되는 사람들과 그렇지 않은 사람들 사이에 구별되는 특징이 발견된다. 빨리 회복되는 사람들은 상담하면서 자기가 사랑받고 귀한 존재로 존중받던 경험들을 많이 기억해 낸다. 긍정적 경험들이 되살아나면서 지금 힘들고 어려운 일들을 견뎌 낼 수 있는 능력이 생기고, 누군가의 도움을 받아서라도 빨리 일어나려고 한다. 그러나 지난날을 되돌아보았을 때 주로 학대받고 무시당한 경험들을 많이 기억해 내는 사람들은 현실의 어려움 때문에 더욱 고통을 받는다. 그들은 스스로 "지난날에도 사랑받은 일이 없는데, 늘 무시당하며 살아왔는데, 앞으로도 그렇겠지 뭘" 하면서 더욱더 좌절한다. 그러나 이런 내담자들도 상담을 통해 다시 좋은 경험을 하면, 자신들을 다르게 보고 미래를 희망적으로 보게 된다.

　　심리적으로 건강한 사람과 그렇지 않은 사람의 차이는 얼마나 많은 내면의 긍정적 자원을 갖고 있느냐에 달려 있다. 내면의 긍정적 자원을 많이 가진 사람은 높은 자긍심을 가지며, 타인을 배려하고, 자신의 삶을 창의적으로 만들어 가면서 영적으로도 풍성한 삶을 살아갈 수 있다. 그러나 긍정적 자원은 하루아침에 쌓이지 않는다. 그것은 결심이나 교육을 통해 만들어지는 것이 아니다. 그것은 오랜 기간 동안 받은 좋은 경험들을 내면화함으로써 만들어진다. 즉 좋은 대상과의 좋은 경험을 통해 형성된다.

　　부모가 자녀들이 자랑스러운 행동을 하기를 원하거나 풍성한 이야기를 만들기를 바란다면 먼저 그들에게 좋은 경험을 주어야 한다. 자녀들은 좋은 경험을 많이 하면 누가 요구하지 않아도 떳떳한 행동을 하고 풍성한 이야기를 만들어 낸다. 선생님들이 학생들과 좋은 경험을 많이 나누면 학생들은 신나는 이야기를 만들어 낼 수 있다. 목회자가 교인들과 좋은 경험을 많이 나누면 교인들은 자랑스러운 기독교인이 될 수 있으며, 존경받는 행동도 할 수 있고, 감동스런 이야기를 만들어 갈 수 있다. 좋은 경험을 한 사람들은 과거를 기억하며 의미 있는 이야기를 만들 수 있을 뿐만 아니라 미래를 긍정적으로 보게 된다.

　　부모가 자녀들에게 좋은 경험을 주지 않으면서 바른 행동을 요구하면 그들은 자랑스러운 행동을 할 수 없고 흐뭇한 이야기를 만들 수 없다. 교인들이 교회생활에서 좋은 경험 혹은 따뜻한 경험을 얻지 못한 채, 헌신과 사명만을 강요당하면 그들은 영적으로 빈곤해진다. 기독교인의 풍성한 삶은 교육과 훈련만으로는 만들어지지 않는다. 교인들이 좋은 경험을 많이 해야 각자의 색깔로 다양한 신앙 이야기를 만들어 낼 수 있다. 교인들이 교회생활을 통해 좋은 경험을 하게 되면 힘든 삶도 견뎌 낼 수 있다.

목회자는 교인들에게 좋은 경험을 제공해 주어야 한다. 그러면 교인들은 좋은 경험을 바탕으로 자신의 모습을 수정할 수 있는 능력을 얻는다. 삭개오가 어떻게 달라졌는가? 무엇이 삭개오로 하여금 재산의 반을 가난한 사람들과 나눌 수 있도록 만들었는가? 예수님이 그에게 좋은 경험을 주셨기 때문이다. 예수님을 통한 좋은 경험이 삭개오를 변화시켰다. 누가복음 19장에 보면 예수님은 그에게 설교나 훈계를 하지 않으셨다. 예수님은 그에게 '다가가셔서' '그의 이름을 부르시고' '그에게 말을 거시고' '그의 집으로 가셔서' '하루를 지내시면서' '함께 식사하셨다.' 이제까지는 삭개오에게 아무도 다가와 주지 않았었다. 말을 걸기는커녕 손가락질을 했다. 그런데 한 사람, 예수님이 그에게 다가오셔서 그의 이름을 부르셨다. "삭개오야!" 얼마 만에 들어본 자기를 부르는 음성인가? 사람들은 예수님이 죄인의 집에 머문다고 비난했지만 예수님은 그의 집으로 가셔서 그의 집에 머무셨다. 예수님은 거기서 그가 어떻게 살아왔는지, 사람의 비난에도 불구하고 어떻게 돈을 모았는지, 길 가던 사람들이 그를 피해 지나가면서 수군거리는 소리를 들었을 때 기분이 어떠했는지 등의 이야기를 들으셨을 것이다. 예수님은 아무런 평가나 분석도 하지 않으시고 하루 종일 그저 그의 이야기를 들으셨을 것이다. 또한 예수님은 그와 함께 음식을 잡수셨다. 이런 경험은 삭개오에게 이제까지와는 다른 따뜻한 경험이었다. 생각을 바꾸면 행동도 바뀔 수 있다. 굳게 결심하면 태도도 바뀔 수 있다. 그런데 무엇이 생각을 바꾸게 하고 결심을 굳게 할 수 있나? 그것은 다가와서 이름을 불러 주고, 말을 걸어 주고, 살아온 이야기에 귀 기울여 주는 사람과의 만남을 통해 얻은 따뜻한 경험이다.

공지영의 소설 『우리들의 행복한 시간』(푸른숲, 2005)에 등장하는 사형수의 마음과 태도가 바뀌었다. 그는 사형 당하기 전에 남긴 편지에서 자기에게 강도의 누명을 씌운 선배, 자기를 벌레 취급했던 검사, 남동생과 자기를 버리고 짐승처럼 생을 마감한 아버지를 용서할 수 있게 되었다고 말한다. 어떻게 그가 변화할 수 있었을까? 그는 처음으로 인간다운 대접을 받아보았고, 사람과 사람이 어떻게 존댓말을 쓰면서 서로를 존중하고 떨리는 마음으로 사랑할 수 있는지 알았기 때문이라고 말한다. 그것은 매주 목요일마다 면회를 오는 세 번이나 자살을 시도했던 한 사람과의 만남을 통해서였다. 아주 짧은 '행복한 시간'이 두 사람을 변화시켰다. 누군가 다가와서, 이름을 불러 주고, 존댓말로 말을 걸어 주고, 살아온 이야기에 귀 기울여 주는 사람이 있을 때 변화는 일어난다.

chapter 05

따뜻한 경험의 장으로서의 교회

　　교인들은 교회생활을 통해 자신들의 삶의 이야기가 풍성해지길 원한다. 교회생활을 통해 과거를 다르게 이야기하고 미래에 새로운 이야기가 만들어지길 원한다. 교인들이 다른 이야기 혹은 새로운 이야기를 만들려면 교회에서 좋은 경험과 따뜻한 경험을 해야 한다. 목회자는 교회가 교인들에게 따뜻한 경험의 장이 되고 있는지를 늘 점검해야 한다. 우리 예배가 따뜻하고 좋은 경험을 주는가? 목회자와 교인들이 함께 따뜻하고 좋은 경험을 만들고 있는가? 교인들과 교인들이 서로 따뜻하고 좋은 경험을 만들고 있는가?

　　얼마 전 학생들과 함께 서울 시내 교회의 교인 3백여 명을 대상으로 '교회에 바라는 것'에 대한 설문과 면담 조사를 했다. 교회의 부흥과 성장이라고 답한 사람은 거의 없었다. 많은 이들이 교회가 차별 없이 서로 감싸 주는 따뜻한 곳이 되기를 소원했다. 이것이 교인들의 바람이다. 교인들은 목회자의 진심이 담긴 말과 태도, 그리고 교인들 사이의 서로 용납하고 감싸 주는 관계를 바란다. 교인들은 교회 안에서 자신의 존재감을 느낄 수 있기를 바란다. 교인들은 교회가 자신들의 정신적·영적 성장에 도움이 되는 프로그램을 제공해 주길 바란다.

앞에 나온 선영이의 아빠는 교회생활을 통해 흐뭇한 이야기를 만들어 가고 싶어한다. 그는 이제까지는 사회가 써 준 대본을 따라 살기 바빴다. 누구보다도 그 대본에 따라 충실하게 살아온 사람이다. 그러나 그는 그렇게 살아온 삶에는 영혼이 없었다고 고백한다. 그는 이제부터 자기 인생의 대본을 스스로 쓰고 그렇게 살아보고 싶어한다. 이를 위해 그에게 필요한 두 가지가 있다. 하나는 대본을 쓰는데 필요한 새로운 관점이며, 다른 하나는 그 대본대로 살아갈 수 있는 능력이다. 그가 신앙생활을 통해 이 두 가지를 얻게 되면 그의 인생 이야기는 풍성하고 흐뭇한 이야기가 될 것이다. 영혼이 살아 있는 이야기가 될 것이다. 다영이의 엄마 경우도 마찬가지다. 그녀도 교회생활을 통해 새로운 경험과 새로운 관점을 얻게 되면 그녀의 이야기도 풍성해질 수 있다.

교인들이 교회에서 따뜻한 경험을 할 때 '은혜받다' 혹은 '은혜롭다'라고 말한다. 이 말은 두 가지로 이해될 수 있다. 하나는 새로운 관점을 얻었다는 의미며, 다른 하나는 새로운 경험을 했다는 의미다. 예를 들어 예배드리고 말씀을 듣고 나면 삶을 보는 새로운 관점이 생길 수 있다. 전과 다른 생각을 가지게 되고 어떻게 행동해야 할지에 대한 분명한 방향을 가질 수 있다. 그래서 은혜받았다고 하는 것이다. 교인들이 교회생활을 통해 삶을 다르게 혹은 새롭게 볼 수 있는 관점을 얻으면 그들의 삶은 활기가 넘칠 뿐만 아니라 새로운 관점을 가지고 새 이야기를 만들어 나갈 수 있다.

'은혜받다' 혹은 '은혜롭다'의 또 다른 의미는 새로운 경험을 얻었다는 것이다. "예배드리고 나니 나란 존재가 있는 그대로 용납되고 이해받은 느낌입니다. 말씀을 듣고 나니 제가 아주 귀한 존재로 느껴졌습니다. 제 자신에 대해 늘 속상했는데 오늘 예배와 말씀을 통해서 치유되었습니다." 이것은 새 경험의 은혜다. 새로운 경험을 한 사람들은 자신의 빈약한 이야기를 수정하여 풍성한 이야기로 만들 수 있다.

교인들은 주로 예배와 설교를 통해 은혜를 경험한다. 예배실은 하나님의 넓고 포근한 품과 같다. 하나님은 예배실의 문을 열고 들어오는 사람들을 두 팔 벌려 맞이해 주신다. 예배가 진행되면서 한 영혼은 점점 하나님의 품안에 안기게 된다. 설교는 하나님의 품안에서 듣는 말씀이다. 하나님 품안에서 듣는 말씀은 속삭이는 말씀이지 야단치는 말씀이 아니다. 하나님의 품안에서 듣는 말씀의 주제는 "내가 너를 사랑한다"다. 이것은 새로운 경험, 따뜻한 경험이다. 하나님의 품안에서 따뜻한 경험을 한 사람들은 세상을 향해 힘있게 나아갈 수 있다. 그들은 하나님의 자녀로 흐뭇한 이야기를 만들어 갈 수 있다.

교인들은 모두 하나님 나라 이야기의 주인공들이다. 설교나 성경공부에서 더 이상 영웅들의 이야기를 예로 들지 말자. 미국 사람, 서양 크리스천의 성공 이야기를 예화로 사용하지 말자. 매일 매일 힘겨운 삶이지만 믿음과 은총으로 견디며 살아가는 우리 교인들의 가슴 찡한 이야기를 하자. 왜 우리 교인들은 성공한 사람들, 그것도 다른 나라 사람들의 성공 이야기를 들으면서 자신을 초라하고 작게 여겨야 하는가? 왜 아브라함, 야곱, 요셉, 다윗, 바울과 같은 사람들의 이야기만 중요한가? 성경에 나오는 사람들의 이야기가 중요한 만큼, 교인들 한 사람 한 사람의 이야기도 똑같이 중요하다. 성경의 인물만 하나님 나라의 주인공이 아니라 교인들도 하나님 나라의 주인공이다.

예수님은 자신을 미천하고 초라한 존재로 여기는 사람들을 찾아가셔서 그들과 함께 지내시고 이야기 나누시고 함께 식사하시며 그들을 있는 그대로 수용해 주시고 위로해 주시면서 "너희들이 하나님 나라의 주인공이다"라고 일러주셨다. 예수님은 그들에게 강한 훈련과 교육을 시키지 않으셨다. 대신 따뜻한 경험을 하게 해 주셨다. 이 경험을 가진 사람들은 자신과 세상을 다른 관점에서 볼 수 있는 능력을 얻었으며, 하나님 나라의 백성으로 살아갔다.

현대 사회에서는 따뜻한 경험을 할 수 있는 곳이 그리 많지 않은 것 같다. 사람들은 따뜻한 경험을 하지 못한 채 경쟁사회에서 시달리고 있다. 그 결과 풍성하고 흐뭇한 삶의 이야기가 만들어지지 않는다. 흐뭇한 이야기가 없는 사회, 개인, 가족은 삭막할 수밖에 없다. 교회도 마찬가지다. 교회에는 흐뭇한 이야기, 살아 있는 이야기, 풍성한 이야기가 넘쳐나야 한다. 그렇게 되려면 교회가 세상이 주지 못하는 따뜻한 경험, 은혜로운 경험, 신나는 경험의 장이 되어야 한다.

교회에는 용서한 이야기, 용서받은 이야기, 그리고 용서를 중재

한 이야기가 많이 있어야 한다. 교회는 보복의 이야기를 용서의

이야기로 바꾸는 데 앞장서야 한다. 하나님은 용서하기 위해 노

력하고 기도하는 사람에게 은총의 햇살을 비춰 주신다. 서로 용

서하고 용납할 때 하나님은 평화를 주신다. 하나님은 교회가 민

족의 상처를 치료하고 가해자와 피해자를 중재할 때, 교회와 우

리 민족에게 은총의 단비를 내려 주실 것이다.

06

용서의 여정

chapter 01

용서가 어려운 사회

　　김 집사는 기도를 하려고 눈을 감으면 돌아가신 어머니에 대한 증오심이 생겨 고통스럽다. 어머니는 그를 늘 형과 비교하며 말했다. "너는 왜 그렇게 밖에 못하니? 네 형 반만큼이라도 해라." 자신을 업신여기고 무시하였던 어머니에 대한 증오심은 나이가 들어도 쉽게 지워지지 않았다. 어머니는 이미 돌아가셨기 때문에 어머니에게 직접 이야기할 수도 없다. 어느 날 김 집사는 어머니 묘를 찾아가 그 앞에 무릎 꿇고 말했다. "어머니, 왜 그러셨어요? 저 너무 힘들어요. 어머니, 저에게 큰 잘못을 하셨어요. 제가 형보다 못하다는 것은 저도 잘 아는데 어머니는 오히려 부족한 저를 응원해 주셨어야지요. 저도 나이 들어 신앙생활을 잘 해 보고 싶은데 어머니에 대한 미움 때문에 힘들어요. 또 이런 마음이 들어 어머니께 죄송하고요. 어머니도 저의 이런 모습을 보시고 하늘나라에서 힘드시죠? 어머니, 이제 제가 어머니를 용서해 드릴게요. 어머니도 저를 위해 기도해 주시고 응원해 주세요. 그리고 하늘나라에서 마음 편하게 지내세요." 그 후로 그는 평안한 마음으로 신앙생활을 할 수 있었다.

교회에 어떤 문제가 생길 때마다 몸이 부어오르고 숨이 가빠져서 응급실로 실려 가는 한 사모가 있다. 교인들 사이에 분쟁이 생기거나 교인과 목회자 사이에 마찰이 생길 때도 그랬다. 의사는 특별한 원인은 찾을 수 없고 스트레스 때문일 거라고 말했다. 사모는 상담을 시작했다. 사모는 상담자에게 어릴 적에 매를 심하게 자주 맞았다고 했다. 그녀의 부모는 자녀들이 작은 잘못을 저질러도 그냥 넘어가지 않았다. 매를 심하게 때렸고 하루 종일 밥도 주지 않았다. 한 자녀가 잘못을 저질러도 자녀들을 모두 때렸다. 자녀들은 늘 두렵고 불안해했다. 마음놓고 밖에 나가 놀지도 못했다. 작은 실수라도 저질러 또 매를 맞지 않을까 무서웠기 때문이다. 그러나 자녀들은 때리는 부모에게 불평이나 원망을 하지 않았다. 대신 모든 것을 자신들 탓으로 돌렸다. 자신들이 부족하고 잘못해서 부모님이 때린다고 생각했다. 그들은 심지어 이웃집에서 싸우는 소리가 날 때도 마치 자기들이 잘못한 것처럼 혼날까 두려워했다. 상담을 통해 사모는 교회에서 어떤 문제가 생기면 그것이 마치 자기의 잘못처럼 여겨지고, 어릴 적에 매 맞던 생각이 나서 불안해지고, 그 때부터 몸이 붓기 시작하고 숨이 가빠진다는 것을 알게 되었다. 그녀는 계속된 상담을 통해 부모에 대한 증오심을 표현했고 용서를 시도했다. 그 후로 그런 증상이 점차 사라졌다.

김 씨는 이혼한 남편을 용서하고 싶어도 주위 사람들의 만류로 용서하지 못하고 있다. 가난한 집에서 태어난 김 씨는 같은 직장에서 만난 남편과 연애하면서 행복했었다. 그러나 결혼하는 과정 그리고 결혼한 후부터 김 씨는 부자인 시댁 식구들의 무시와 냉대에 시달렸다. 그들이 친정 부모님과 동생들을 험담하고 모욕할 때는 참기 힘들었다. 안타깝게도 김 씨는 아기를 낳지 못했다. 시댁 식구들은 더욱 김 씨를 구박했고 이혼하면 충분한 보상을 해 주겠다는 제안도 했다. 그래도 참을 수 있었던 것은 착한 남편 때문이었다. 그러나 어느 날 김 씨는 하늘이 무너지는 것 같은 소식을 들었다. 남편이 딴 여자를 통해 아기를 가졌다는 것이었다. 김 씨는 그날로 친정으로 돌아왔다. 몇 달 동안 밖에 나가지도 않고 울기만 했다. 남편이 찾아와도 만나 주지 않았다. 6개월 후에 또 청천벽력 같은 소식이 날아왔다. 그것은 이혼 서류였다. 김 씨는 두 번 생각도 않고 이혼 서류에 도장을 찍었다. 김 씨는 억울함과 분노 때문에 오랫동안 화병에 시달렸다. 남편 집에 불을 내고 자신도 죽고 싶다는 생각도 들었다. 그렇게 몇 년을 지낸 후 김 씨는 재혼을 했다. 재혼한 남편은 아내와 사별한 사람이었다. 지금 김 씨는 현재의 남편의 아들과 딸 그리고 자신이 낳은 딸과 행복하게 살고 있다. 김 씨는 문득 전 남편이 부모를 잘못 만나 고생한다는 생각이 들었다. 그녀는 최근에 전 남편이 아기를 낳은 여자와 결혼했지만 이혼하고 혼자 산다는 소식을 들었다. 김 씨는 친정 부모에게 전 남편을 용서하고 싶다고 말했지만 화를 내시면서 절대로 용서하지 말라고 하셨다. 친구들도 마찬가지였다. 김 씨는 부모와 친구들의 심정은 이해되지만 더 이상 마음에 증오심을 품고 살고 싶지 않아 망설이고 있다.

　　살아가면서 억울한 일을 당할 때가 있다. 믿었던 가까운 사람에게 배신을 당하기도 한다. 이런 경우 피해 입은 사람의 삶은 송두리째 망가진다. 피해자는 자신을 보호하지 못한 것에 대한 좌절감, 가해자에 대한 증오심과 복수심, 망가진 모습으로 인한 수치심 등으로 힘들어한다. 억울한 피해로 생긴 상처는 쉽게 낫지 않는다. 그것은 인간관계, 직업 선택, 신앙생활 등 삶의 전반에 영향을 미친다.

　　억울한 피해를 입은 사람은 그 상처가 너무 커서 망각하고 싶어한다. 그러나 상처로 인한 고통은 쉽게 잊어지지 않는다. 설령 잊어버린다고 해도 언제든지 불쑥불쑥 기억나서 고통스럽다. 또 피해를 입은 사람은 보복하려고 한다. 피해 입을 당시에는 힘이 없어서 당했지만, 힘을 키워 보복할 기회를 만들려고 한다. 보복은 피해에 대한 해결이 되지 못한다. 보복은 다른 보복을 낳음으로 보복이 악순환되기 때문이다. 망각과 보복은 피해에 대한 적절한 반응이 아니다. 용서는 망각이나 보복과는 다른 방식의 대응이다. 그러나 피해로 망가진 자신을 회복시키고, 증오심과 복수심을 다스리고, 가해자에 대한 보복을 포기해야 하는 용서는 어려운 과정이다. 우리 사회는 아직 피해자를 도와주는 사회 문화적 여건이 마련되어 있지 않기 때문에, 용서를 실천하기 어렵고 피해자가 고통 가운데 머물러 있는 경우가 많다.

우리 교회나 사회에서 용서에 대해 논의하고 실천하기 힘든 몇 가지 이유가 있다. 첫째, 기독교는 수직적 차원의 용서인 하나님의 용서를 주로 강조하고 수평적 차원의 용서인 인간의 용서는 그렇게 많이 강조하지 않는다. 게다가 인간 사이에서 일어난 용서의 문제를 하나님의 용서에 포함시키기도 한다. 둘째, 기독교가 인간의 용서에 대하여 말한다고 해도 용서하는 방법이나 과정에 대해서는 가르쳐 주지는 않는다. 용서는 한 번의 결심으로 되지 않는다. 용서는 일회적 사건이라기보다는 과정이다. 셋째, 우리 사회는 용서보다 보복을 더 의미 있게 여기는 경향이 있다. 그래서 원수 갚는 이야기는 많지만 용서하는 이야기는 그리 많지 않다. 넷째, 우리 사회는 잘잘못을 가리고 용서하고 용서받는 것보다 화해라는 명목으로 적당히 얼버무리고 덮어 버리는 데 익숙하다. 그 결과 가해는 계속되고 피해자는 또 다른 피해를 입게 된다.

chapter 02

잘못된 용서, 해로운 용서

우리 사회에는 용서에 대한 논의가 부족할 뿐만 아니라 용서에 대한 이해도 부족하고 잘못된 형태의 용서도 많다. 용서는 가해자의 잘못을 눈감아 주는 묵인, 당연히 받아야 할 대가를 감면해 주는 사면, 피해받은 것을 기억하지 않는 망각, 혹은 관계를 회복하는 화해가 아니다. 용서는 고의적으로 잘못을 저지른 사람 때문에 억울한 피해를 입은 사람에게 생긴 원한을 해소하는 과정이다. 용서는 피해자가 가해자에 대한 보복을 포기하는 것뿐만 아니라 가해자에 대하여 긍정적인 태도를 갖는 것을 포함한다.

용서가 무조건 좋은 것만은 아니다. 잘못된 형태의 용서도 있다. 피해자의 의도와는 상관없이 피해자가 회복되기 전에, 그리고 피해자의 자존감을 고려하지 않은 상태에서 시도되는 용서는 잘못된 용서다. 이런 용서는 피해자에게 또 다른 피해를 주기 때문에 해로운 용서다. 잘못된 혹은 해로운 형태의 용서 중에는 거짓 용서, 성급한 용서, 그리고 강요된 용서 등이 있다.

거짓 용서는 용서를 하지 않았음에도 불구하고 용서하는 척만 하는 용서다. 가족 관계에서 문제가 생겼을 때 피해 입은 가족은 가족의 안녕을 유지한다는 이유로 혹은 일시적으로 더 큰 피해를 모면하기 위해 용서한 척한다. 학대받은 어린 자녀들은 부모에게 잘 보이거나 더 학대받지 않으려고 용서한 척할 수 있다. 착한 사람으로 보이기 위해 용서한 척하는 사람도 있다. 거짓 용서는 가해 행위를 중단시키지 못한다. 가해자는 참회는커녕 이러한 피해자의 약점을 이용하여 가해 행위를 지속할 수도 있기 때문이다.

낮은 자존감이나 지나친 죄책감을 지닌 사람들은 성급한 용서를 시도한다. 낮은 자존감을 가진 사람들은 타인에게 좋은 대우를 받을 만한 자격이 없다고 생각하고 빨리 용서하려고 한다. 지나친 죄책감을 가진 사람들은 억울한 대우를 벌로 여기고 차라리 잘 되었다고 생각하고 빨리 용서하려고 한다. 성급한 용서도 피해자를 계속 피해자에 머물게 하고 가해 행위를 지속시킨다.

강요된 용서는 피해자의 의도와 상관없이 주위 사람들에 의해 강요되는 용서다. 피해자와 가해자가 발생했을 경우에 주위 사람들은 주로 피해자를 찾아와 가해자를 용서하라고 권유한다. 특히 교회는 예수님이 용서하시기 위해 십자가에서 죽기까지 하셨는데 용서 못할 죄가 어디 있느냐면서 용서를 강조한다. 예배, 내적 치유 세미나, 혹은 부흥회와 같은 집회에서 용서를 강조하다 보면 피해자는 그런 분위기에 떠밀려 용서를 결심하기도 한다. 그러나 집회가 끝난 후에도 여전히 원한 감정이 남아 있는 경우가 많다. 그렇게 되면 피해자는 용서도 하지 못하는 죄인이 되는 심정이 된다. 뿐만 아니라 힘이 없어 피해를 당한 것도 억울한데 용서마저 스스로 결정하지 못한다는 생각에 더 깊은 좌절감에 빠질 수 있다.

용서와 화해의 공동체인 교회가 용서를 강조하는 것은 당연하다. 그러나 교회가 용서에 대하여 말할 때 피해자의 입장을 고려하지 않고 용서만 강조하는 경우가 많다. 그런 경우에 피해 입은 사람은 자신의 아픔과 억울함을 돌볼 겨를도 없이 용서하라는 요구에 시달리게 된다. 피해자는 아직 용서하고 싶지 않고 또 용서할 힘도 없는데 용서까지 강요받게 되면 혼돈에 빠진다. 가해자에 대한 증오심은 여전히 남아 있고, 용서를 하려고 해도 용서가 되지 않는 자신이 믿음 없는 사람으로 느껴져 더더욱 고통스러워진다. 그래서 때론 용서하지 않았으면서도 용서한 척하기도 한다.

용서에 대해 말하기 전에 먼저 피해자를 돌보고 피해자의 상처가 치료되도록 도와야 한다. 피해자에게 용서할 마음과 능력이 생길 때까지 기다려야 한다. 피해자가 먼저 해야 할 일은 용서가 아니라 자신의 상처부터 치료하는 것이다. 주위 사람들이 해야 하는 일도 우선 피해자가 회복될 수 있도록 도와주는 것이다. 만약 가해자가 자신의 잘못을 깨달았다고 하더라도 피해자에게 용서를 구하기 전에 먼저 피해자의 상처가 낫도록 도와주어야 한다.

chapter 03

영적 여정으로서의 용서

용서에 이르는 길은 멀고 험하다. 그것은 오래 걸리는 여정일 수 있고 평생에 걸쳐 풀어야 하는 숙제일 수 있다. 성서의 인물 중 요셉은 누구보다도 가족에게 억울한 일을 당한 사람이다. 요셉을 꿈의 사람으로만 묘사하는 것은 그가 당했던 고난과 그의 가슴에 깊게 묻힌 원한을 너무 간과하는 것이다. 요셉은 어린 나이에 영문도 모르고 형들의 미움을 사서 웅덩이에 빠진 채로 죽을 뻔했고, 남의 나라에 팔려 갔다. 강제로 부모와 고향을 떠난 그는 이집트에서 수많은 역경과 고난을 당했다. 그는 나이가 들어가면서 형들에 대한 증오심이 커졌고, 때가 되면 보복하려고 이를 악물고 모진 고난을 이겨 냈을 것이다. 오랜 세월이 흐른 후 형들을 만났을 때 그는 그들을 잘 대우해 주었지만, '형들을 용서할 것인가?'에 대한 갈등과 고민은 없어지지 않았다. 아버지 야곱이 죽고 형들과 요셉도 나이가 들어 죽을 날이 얼마 남지 않았어도 요셉에게는 여전히 용서의 문제가 남아 있었다. 요셉이 생의 마지막에 했던 일은 형들을 용서한 것이다 (창 50장). 그만큼 용서의 문제는 요셉에게 평생 풀어야 하는 숙제와 같은 것이었다. 요셉은 형들을 용서하고 얼마 후에 세상을 떠났다. 요셉에게 용서는 평생 걸리는 과정이었다.

용서는 한 번의 결심이나 행동으로 이뤄지는 사건이 아니다. 용서는 마치 긴 여정, 그것도 험난한 여정과 같다. 언제 용서의 여정이 끝날지는 알 수 없지만 용서의 여정을 시작하면 하나님의 놀라운 은혜를 경험하게 된다. 용서하기로 작정하고 하나님의 도우심을 청하면서 실천하다 보면, 어느 새 원한도 줄어들고 상처도 치유되고 영적으로도 새로워지는 경험을 하게 된다. 용서의 여정에는 거쳐야 하는 몇 개의 지점이 있다.

용서 여정의 첫 번째 지점은 인정의 지점이다. 억울한 피해는 서서히 때론 급격하게 모든 것을 흔들어 놓는다. 그것은 몸과 마음에 큰 상처를 주고 영혼까지 흔들어 놓는다. "그 후로 제 몸과 마음은 이전의 몸과 마음이 아니었어요. 제 몸과 마음이 낯설게 느껴졌을 뿐만 아니라 남의 살과 마음이 내게 붙어 있는 것처럼 늘 기분이 찜찜했어요. 거울 보기가 제일 무서웠어요. 거울 속의 내 모습은 전의 내 모습이 아니었기 때문이죠." 이것은 폭행당한 사람의 고백이다. 상처 입은 몸과 마음은 상처 입기 전의 모습과 다르다. 이전과 다르게 느끼고 다르게 생각하고 다르게 행동한다. 한마디로 망가진 모습이다. 이처럼 억울한 피해는 많은 것을 빼앗아 간다. 자존감은 낮아지고, 인간관계는 힘들어지고, 재산 피해도 입는다. 마음은 늘 증오심으로 가득 차 있어 좋은 감정이 일어나지 않는다. 또한 억울한 피해는 영적 손상을 준다. 하나님의 사랑과 정의에 대한 의문을 갖게 한다. 가정에서 폭력이 발생하면 가정의 신성함에 대한 신념이 흔들리고, 교회에서 억울한 일을 당하게 되면 교회의 거룩함에 대한 신앙이 흔들린다. 용서가 시도되기 전에 먼저 피해로 달라진 것이 무엇인지를 확인하고 그것을 인정해야 한다.

　용서 여정의 두 번째 지점은 치료의 지점이다. 상처 입은 모습으로 평생 살아서는 안 된다. 원한을 품은 채로 평생 살아갈 수는 없다. 자신이 상처 입은 존재인 것을 확인하고 인정한 다음에는 치료받아야 한다. 원한의 상처는 시간이 지나면 자연히 없어지는 것이 아니다. 상처를 치료하지 않으면 삶은 상처의 지배를 받고 점점 더 망가진다. 상처는 전문가나 주위 사람의 돌봄을 받거나 스스로 자신을 돌봄으로써 치료될 수 있다.

　상처가 치료되려면 '애도'가 있어야 한다. 애도는 중요한 것의 상실에 대한 반응이다. '내가 이렇게 되었구나!'라고 인정하고 울어야 한다. 하나님 앞에서 "하나님, 제가 이렇게 되어버렸어요"라고 말하면서 울어야 한다. 애도하지 않으면 과거와 상처에 매인다. 애도는 상실로 망가진 자신을 재구성하는 작업이다. 요셉은 하루아침에 형들을 용서한 것이 아니다. 그는 여러 번 크게 울었다(창 42:24, 43:30, 45:2, 45:15, 46:29, 50:1, 50:17). 그는 울 때마다 어두운 과거와 대면했고 자아를 재구성하고 형들과의 관계를 회복해 갔다.

　치료에서 '이야기하기'가 중요하다. 힘들고 어렵지만 일어났던 일들에 대하여 믿을 만한 사람들에게 이야기하는 것이 필요하다. 이야기한다는 것은 비록 힘이 없어서 억울한 일을 당했지만 그로 인한 상처가 자신을 지배하도록 내버려 두지 않겠다는 의지의 표현이다. 이야기한다는 것은 "이런 일이 나에게 일어났다"고 가해자에게 항의하고 세상에 알리고 자신에게 상기시키는 것이다. 이야기한다는 것은 애도하는 것처럼 상처 입은 자아를 재구성하는 작업이다.

　치료에서 '좋은 경험하기'는 필수적이다. 좋은 대상과의 만남, 즉 자신의 이야기를 들어주는 사람, 아파해 주는 사람, 함께 분노해 주는 사람, 곁에 있어 주는 사람과의 만남은 좋은 경험이고 새로운 경험이다. 이것은 가해자로부터 받은 학대와는 전혀 다른 경험이다. 상처의 회복을 위해 기도할 때도 놀라운 경험을 한다. 피해자는 하나님이 자신을 보호해 주시지 않았고 지금도 멀리 계시다고 생각할 수 있다. 그러나 상처의 치료를 위해 기도하는 동안 상처를 어루만져 주시는 하나님의 손길을 경험하게 된다. 용서할 힘을 달라고 기도드릴 때 원한 감정이 많이 사라지는 것을 발견하기도 한다. 어느 순간에는 가해자를 위해 기도드리는 자신을 발견하고 놀라기도 한다. 이러한 좋은 경험들은 원한 감정을 견딜 수 있게 해 주고 망가진 자아를 치료해 준다. 상처가 어느 정도 치료되면 피해자는 망각과 보복이 아니라 용서하고 싶은 마음이 생긴다. 그러면 용서의 세 번째 지점으로 이동할 수 있게 된다.

용서 여정의 세 번째 지점은 용서를 결심하고 실행하는 지점이다. 상처가 치료되면 용서를 진지하게 고려할 수 있다. 용서는 피해자의 권한이다. 용서는 어느 누구도 강요할 수 없는 피해자의 선택이다. 용서는 의무도 아니다. 피해는 당한 것이지만 용서는 피해자가 선택하는 것이다. 피해자가 선택할 수 있는 용서의 형태는 다양하다. 즉 일방적 용서, 조건적 용서, 상호 용서 등이 있다. 일방적 용서는 가해자와 상관없이 이루어지는 용서다. 비록 가해자가 잘못을 뉘우치지 않아도 자신을 위해 용서를 선택할 수 있다. 이것은 자신을 배려하는 용서로, 더 이상 과거에 매여 살지 않겠다는 의지의 표현이다. 조건적 용서는 가해자의 참회를 전제한 용서다. 이것은 가해자가 자신의 잘못을 뉘우치고 피해를 보상하고 용서를 구할 경우에 해 주는 용서다. 상호 용서는 피해자와 가해자의 구분이 힘들 때 서로 용서하는 형태의 용서다.

용서를 결심한 사람은 주위 사람이나 가해자에게 혹은 자신에게 용서를 선언할 수 있다. 용서는 약속과 다르다. 약속은 때론 파기될 수 있지만 용서는 일단 선언하면 그것을 무효화 할 수 없다. 때론 용서했다고 해도 여전히 증오심이 남아 있을 수 있고 되살아날 수 있다. 그렇다고 용서를 안 한 것은 아니다. 용서하면 때론 서서히, 때론 빨리 원한 감정이 사라지며 자신이 새로워지고 가해자에 대한 부정적 행동이나 감정이 바뀐다.

용서 여정의 네 번째 지점은 영적으로 새로운 존재가 탄생하는 지점이다. 용서 여정에서 피해자는 놀라운 경험을 많이 하게 된다. 평생 동안 가해자에 대한 원한 감정이 없어지지 않을 줄 알았는데 원한 감정이 누그러지는 것을 발견한다. 용서 못할 줄 알았는데 용서가 되는 것을 경험한다. 놀랍게도 마음이 편해지고 자신의 목소리가 살아나고 자존감이 높아지는 경험을 한다. 이 때 피해자는 용서는 하는 것이라기보다 되는 것이라는 것도 발견한다. 이 과정에서 피해자는 예수님이 자신을 용서하신 것에 대한 확신과 기쁨과 감사가 생긴다. 무엇보다도 피해 입었던 사람, 원한에 쌓였던 사람에서 용서한 사람이 되었다는 사실 때문에 자신이 대단하게 여겨진다. 예수님도 잘했다고 칭찬해 주시는 것같이 느껴진다.

용서의 여정 동안 피해자는 상처 입은 사람에서 치료받은 사람, 치료받은 사람에서 용서하는 사람으로 바뀐다. 용서하면 상처 입기 전보다 정신적으로 더 온전해지고 영적으로 풍성한 사람이 된다. 용서의 과정을 통해 새로운 경험을 많이 했기 때문이다. 용서에 이르는 영적 여정을 마친 피해자는 억울한 상처로 힘들어하는 사람들뿐만 아니라 가해자들도 영적 여정을 할 수 있도록 돕는 사람이 될 수 있다.

chapter 04

우리 민족의 원한과 용서

　　전쟁이 끝난 지 반 세기가 더 지났어도 우리 민족은 원한을 많이 갖고 있다. 그만큼 전쟁이 준 상처가 크고 치료되지 않았기 때문이다. 윤흥길의 소설 『낫』(서울: 문학동네, 1995)의 주인공 귀수가 고향을 찾은 때는 가뭄이 한창인 여름이었다. 그는 어머니의 유언을 따라 아버지의 산소에 벌초하러 왔다. 그는 낫을 사려고 고향 마을 입구의 철물점에 들렀다. 그를 유심히 살펴보던 주인이 그가 배낙철의 아들이라는 것을 알아챘다. 배낙철은 6·25를 전후로 좌익에 가담했다가 전쟁의 와중에 낫을 휘둘러 마을 사람들을 무차별하게 살해했던 사람이다. 고향 사람들은 그의 아들이 왔다는 소식을 듣고 복수하겠다고 낫을 들고 몰려 왔다. 그 때 교회의 장로이며 마을 유지인 최 교장이 사람들을 마을회관에 모이게 하고 귀수와 그들 사이를 중재한다. 그 마을은 좌우익 충돌로 엄청난 피해를 입었었다. 대지주였던 최 교장의 아버지도 많은 고초를 겪었다. 최 교장의 두 남동생은 살해되었고 그것을 목격한 어머니는 자살했다. 최 교장은 이런 비극이 다시는 일어나서는 안 된다고 생각하고 재산을 자선 단체에 기부하고 바른 신앙생활을 위해 노력하며 살고 있다. 최 교장은 마을 사람들에게 배낙철을 낫으로 비유했다. 그는 낫이 농사에 유용한 기구이면서 동시에 흉기가 될 수 있는 것처럼 배낙철도 사회가 그를 무서운 흉기가 되게 했다고 말하면서 원한을 풀 것을 권유한다. "흉기는 틀림없이 또 다른 흉기만 불러들일 뿐입니다. 그 때 그 기억이 지긋지긋하지도 않습니까? 낫을 흉기로 휘두르는 것은 옛날 옛적에 벌써 다 없어졌어야 마땅한 관습입니다. 우리는 우리 맘속에 저마다 한 자루씩 품고 있는 그 잘 드는 낫을 이제부터는 처자식 따뜻이 거느릴 곡식 거두고 꼴 베고 조상님네 산소 성묘하는 아름다운 용처에다만 사용해야 합니다."(342쪽) 그 마을은 오랫동안 가물어 땅도 황폐해지고 인심도 메말라 있었다. 상처는 가뭄처럼 오랜 세월 동안 마을 사람들의 마음을 황폐하게 만들었다. 중재하던 최 교장은 마을 사람들에게 위험한 일을 당할 뻔하기도 했다. 그러나 최 교장의 중재로 귀수와 마을 사람들은 서로를 조금씩 이해하게 되었다. 그 때 마침 오랜 가뭄으로 메말라 있던 마을에 비가 내리기 시작했다. 복수하겠다고 몰려왔던 마을 사람들은 비가 내린다고 기뻐하며 낫을 들고 논으로 달려나갔고 위기를 모면하게 되었다.

『낫』은 우리 민족의 원한이 얼마나 깊은 상처인지를 잘 보여 준다. 고향 사람들과 귀수, 그들은 피해자와 가해자, 혹은 피해자의 후손과 가해자의 후손이다. 사건이 일어난 지 반 세기가 지났어도 상처는 아물지 않은 채로 여전히 남아 있었고, 원한은 소멸되기는커녕 대를 물리고 있었다. 원한은 가뭄처럼 사람들의 마음을 황폐시키고 개인과 공동체의 삶을 지속적으로 파괴한다. 원한은 낫처럼 언제든지 무서운 보복과 폭력으로 변할 수 있다.

『낫』은 우리 민족의 원한을 해소하기 위해 용서의 필요성을 제기한다. 우리 민족은 원한이 많은 민족이다. 개인, 가족, 사회, 민족 모두 원한으로 고통당하고 있다. 용서가 쉽지는 않지만 용서가 없으면 아무리 세월이 흘러도 원한은 사라지지 않고 우리 민족의 삶을 지배한다. 원한은 보복을 낳고 보복은 또 다른 보복을 불러일으킴으로 결국 모두가 피해를 입게 된다. 어디서부터 이 원한의 문제를 풀어야 할지 막막하다. 교회도 원한 감정을 해소하는 데 큰 도움이 되지 못하는 것 같아 안타깝다. 언제까지 우리는 전쟁 이야기를 계속 해야 하나? 어떻게 하면 우리는 원한과 보복의 이야기를 용서와 평화의 이야기로 바꿀 수 있을까? 누가 우리 민족의 이야기의 주제를 용서와 화해로 바꿀 수 있나?

『낫』에서 장로인 최 교장의 중재로 가해자와 피해자가 보복 대신 서로를 이해하려고 노력했을 때 비가 내리기 시작했다. 오랜 가뭄 끝에 내린 단비였다. 땅에서 매인 것을 풀었더니 하늘에서도 풀린 것이다(마 18:18). 우리 민족에게 단비가 필요하다. 보복 대신 용서할 때 하늘에서 단비가 내릴 것이다. 예수님은 부활 후에 제자들에게 평화를 빌어 주신 다음 그들에게 용서의 삶을 살라고 말씀하셨다.

> [예수께서] 다시 그들에게 말씀하셨다. "너희에게 평화가 있기를 빈다. 아버지께서 나를 보내신 것 같이, 나도 너희를 보낸다." 이렇게 말씀하신 다음에, 그들에게 숨을 불어넣으시고 말씀하셨다. "성령을 받아라. 너희가 누구의 죄든지 용서해 주면, 그 죄가 용서될 것이요, 용서해 주지 않으면, 그대로 남아 있을 것이다."
> (새번역, 요 20:21~23)

교회에는 용서한 이야기, 용서받은 이야기, 그리고 용서를 중재한 이야기가 많이 있어야 한다. 교회는 보복의 이야기를 용서의 이야기로 바꾸는 데 앞장서야 한다. 하나님은 용서하기 위해 노력하고 기도하는 사람에게 은총의 햇살을 비춰 주신다. 서로 용서하고 용납할 때 평화를 주신다. 하나님은 교회가 민족의 상처를 치료하고 가해자와 피해자를 중재할 때 교회와 우리 민족에게 은총의 단비를 내려 주실 것이다.

교회가 달라지려면 성서를 허물 많고 타락한 인간을 구원하시는 하나님의 위대한 드라마로 읽고 그 이야기를 이어 가야 한다. 상처 입고 신음하는 사람과 세상을 치유하시는 하나님의 위대한 이야기로 읽고 그 이야기를 이어 가야 한다. 교회는 성서를 인간과 세상을 온전케 하시는 우주적 치유 사건의 이야기로 읽어야 한다. 교회는 성서를 온 땅에 평화가 임하는 하나님의 나라의 도래를 꿈꾸는 사람들의 이야기로 읽어야 한다. 하나님은 출애굽과 십자가와 부활의 이야기를 전수받은 교회가 이 시대의 구원과 치유의 이야기를 만들어 가길 원하신다. 하나님은 이 시대에 한국 교회가 한반도에서 벌이는 구원과 치유 사건의 이야기를 듣고 싶어하신다.

07

구원과 치유의 이야기를
만들어 가는 교회

chapter 01

이야기를 좋아하시는 하나님

유대인들에게 전해 내려오는 한 이야기에 의하면, 큰 재앙이 닥쳐오면 어느 숲속의 정해진 장소로 가서 불을 켜 놓고 기도드리면 그 재앙이 물러갔다고 한다. 어느 해 재앙이 닥쳐서 사람들이 큰 고통을 겪고 있을 때, 랍비 발 셈-토브가 숲속의 정해진 장소로 가서 불을 켜 놓고 기도했더니 재앙이 물러갔다. 한참 후 다시 재앙이 일어났다. 발 셈-토브의 제자가 숲속의 같은 장소로 가서 하나님께 빌었다. "하나님, 저는 불을 켤 줄을 모릅니다. 그러나 기도는 할 수 있습니다." 그가 기도했을 때 기적이 일어났고 재앙이 물러갔다. 얼마 후에 다시 재앙이 닥쳐왔을 때 다른 랍비가 같은 숲속으로 가서 하나님께 빌었다. "하나님, 저는 불을 켤 줄도 모르고, 기도도 할 줄 모릅니다. 그러나 이 장소는 잘 알고 있습니다. 그러면 충분하지요?" 다시 기적처럼 재앙이 물러갔다. 얼마 후 또 다시 재앙이 왔다. 다른 랍비 한 사람이 의자에 앉아서 하나님께 말했다. "하나님, 저는 불을 켤 줄도 모르고, 기도할 줄도 모르고, 숲속의 그 장소가 어딘지도 모릅니다. 그러나 제가 할 수 있는 한 가지가 있는데 그것은 하나님께 이야기를 해 드리는 것입니다." 그가 이야기를 시작하자 재앙이 물러갔다.

유대인들은 하나님이 이야기를 좋아하셔서 사람을 만드셨다고 생각한다. 사람들과 이야기 나누고 싶으셔서 사람을 만드셨다는 것이다. 그렇다면 에덴동산은 이야기 동산이었을 것이다. 하나님은 아담과 이브와 함께 종일 에덴동산을 거닐면서 그들에게 많은 이야기를 해 주셨을 것이다. 하늘과 땅을 어떻게 만드셨는지, 긴 밤이 지나고 나면 아침이 어떻게 오는지, 달은 왜 모양이 달라지는지에 대하여 이야기해 주셨을 것이다. 나무와 새들을 어떻게 만드셨으며, 애벌레에서 나비는 어떻게 태어나는지에 대하여도 이야기해 주셨을 것이다. 밤에는 반짝이는 별들을 보면서 그 수많은 별들을 어떻게 만드셨는지, 그 별들이 지구에서 얼마나 먼 곳에 있는지, 별빛이 지구까지 오는 데는 얼마나 많은 시간이 걸리는지에 대하여 이야기해 주셨을 것이다. 또 하나님은 아담과 이브의 이야기를 듣는 것을 좋아하셨을 것이다. 아담과 이브는 하나님에게 행복하게 사는 이야기, 싸운 이야기, 동물들과 재미있게 논 이야기, 새들과 나눈 이야기 등등에 대하여 신나게 이야기해 드렸을 것이다. 하나님은 그들의 이야기를 들으시면서 흐뭇해하셨을 것이다. 하나님은 아담과 이브가 하나님의 명령을 거역했을 때에도 혼내거나 야단치시기 전에 먼저 그들을 찾아오셔서 이야기부터 나누셨다.

삼위일체에 대한 설명은 언제나 어렵다. 그러나 그것을 사람들을 만나 그들과 관계를 맺고 대화하고 이야기 나누시려는 하나님의 다양한 자기표현의 방법이라고 생각하면 훨씬 이해하기가 쉽다. 이야기를 좋아하시는 하나님은 시대마다 사람들과 이야기를 나누시려고 때론 성부의 모습으로, 때론 성자의 모습으로, 때론 성령의 모습으로 나타나신다고 이해하는 것이다. 하나님은 구약시대에는 성부의 모습으로, 신약시대에는 성자의 모습으로, 그 후로는 성령의 모습으로 사람들을 찾아오시고 사람들에게 말을 건네시고 사람들과 이야기 나누신다.

성서는 하나님과 사람들 사이에 일어난 사건들을 이야기의 형식으로 모아 놓은 책이라고 볼 수 있다. 성서를 하나님의 말씀이라고만 보면 성서가 주는 감동이 감소된다. 성서는 시대를 초월하여 어느 누구에게나 해당되는 말씀이라기보다 시대마다 하나님과 인간이 함께 만든 이야기로 볼 수 있다. 하나님을 거역한 사람들의 이야기, 그들을 타이르시고 때론 벌주시는 이야기, 하나님의 은총과 사랑받은 사람들의 고백 이야기가 모두 성서 안에 있다.

chapter 02

신앙공동체의
이야기로서의 성서

성서에는 다양한 문학적 장르가 나오지만 이야기 형식이 가장 많다. 성서는 처음부터 흥미진진한 이야기로 시작된다. 세상이 창조되는 이야기, 아담과 이브가 선악과를 따 먹고 하나님께 혼나는 이야기, 가인이 제사 드린 다음 동생을 시기하여 죽이는 무시무시한 이야기, 노아가 방주를 만드는 이야기와 홍수 이야기, 아브라함이 고향을 떠나 나그네로 살아가는 이야기, 요셉이 이집트에서 온갖 고생을 다한 후 높은 자리에 오른 이야기, 모세가 노예로 살아가던 이스라엘 백성을 구출하는 이야기 등등 모두 흥미진진한 이야기들이다. 이야기의 사건들은 시작, 중간, 끝이라는 시간적 구조를 따라 배열된다. 그러나 사건들은 단순히 일어난 순서에 따라 나열되지 않고 어떤 주제를 따라 연결된다. 주제와 시간적 구조에 따라 배열된 사건은 그것이 어떻게 될까에 대한 궁금증과 기대감을 불러일으키기 때문에 독자들이 끝까지 읽게 된다. 이야기를 다 읽고 나면 "아 그랬구나. 그렇게 되었구나!" 하면서 이야기의 결말을 이해하고 받아들인다.

이야기는 사건에 의미를 부여하는 것이다. 왜 사건이 일어났나? 누가 혹은 무엇이 그 사건을 발발하게 했나? 왜 비슷한 사건들이 반복해서 일어나나? 그 사건에 관여된 사람들은 누구이며 그들은 그 후에 어떻게 되었나? 처음에는 사건을 경험한 사람들이, 나중에는 그 이야기를 들은 사람들이 이야기를 계속하면서 이야기는 수정되고 보완된다. 그렇게 만들어진 이야기는 또 다른 이야기와 합류되어 더 긴 이야기가 된다. 사건들이 모여 이야기가 되고, 이야기들이 모여 하나의 긴 이야기가 된 것이 성서다.

성서는 특정한 저자나 편집자의 작품이 아니라 신앙공동체의 작품이다. 사건들이 모여 이야기가 되고 이야기가 모여 하나의 의미 있는 이야기가 되는 과정은 개인이 아니라 공동체를 통해 이루어진다. 일단 어떤 이야기가 공동체의 이야기가 되면 그것은 공동체를 통해 전수된다. 이야기의 관점에서 공동체를 보면 공동체에는 몇 가지 특성이 있다.

첫째, 공동체에는 공동의 기억 혹은 공동의 이야기가 있다. 그러므로 이야기는 한 공동체와 다른 공동체를 구분 짓는다. 같은 공동체에 속한 사람들은 공동의 이야기를 하면서 그 공동체의 구성원으로서의 정체성을 갖는다. 이스라엘 사람들은 출애굽 이야기를 하면서 이스라엘 사람으로서의 정체성을 형성한다. 출애굽 이야기는 가정에서는 부모를 통해, 회당에서는 랍비를 통해 이야기되고 또 이야기된다. 이스라엘 사람들은 출애굽 이야기를 듣고 또 들으면서 '우리가 누구인가?'에 대한 공동체적 의식을 갖는다. 교회는 십자가와 부활 이야기의 공동체다. 십자가와 부활 이야기는 초대교회가 만든 이야기다. 십자가와 부활을 경험한 초대교회 사람들은 그것에 대하여 이야기하고 또 이야기하면서 신약성서에 나오는 십자가와 부활 이야기를 만들어 냈다. 그들은 십자가와 부활 이야기를 하면서 예수님이 누구시며 어떤 일을 하셨는지, 그리고 자기들이 누구인지에 대한 인식을 분명히 했다. 그들은 십자가와 부활 이야기를 하면서 기독교 공동체의 일원이 되어 갔다. 즉 기억하기를 통해 공동체의 일원이 되었던 것이다.

둘째, 공동체에는 공동의 이야기에 대한 공동의 해석과 실천이 있다. 이스라엘 사람들은 출애굽 이야기를 하면서 그 이야기가 '지금 여기 우리'에게 어떤 의미가 있는지를 공동으로 찾는다. 이 의미가 개인과 가정의 가치관이 되고 국가의 정책을 결정하는 기초가 된다. 공동의 의미는 공동의 실천으로 이어진다. 교회는 십자가와 부활 이야기에 대한 시대적 의미를 찾고 그것에 근거를 두고 선교했다. 역사상 수많은 신학적 논쟁들도 십자가와 부활 이야기에 대한 해석의 차이에서 나왔다. 논쟁이 있었다는 것은 그만큼 십자가와 부활 이야기의 시대적 의미를 찾는데 충실했다는 것을 의미한다. 공동으로 만든 해석을 실천해 온 것이 교회의 역사다.

셋째, 공동체에는 공동의 미래 이야기 혹은 공동의 비전이 있다. 출애굽 이야기는 이스라엘 민족이 어떤 민족이 되어야 할지에 대한 방향, 즉 공동의 비전을 제시해 준다. 교회는 십자가와 부활 이야기에 근거한 공동의 비전을 만들고 추진한다. 십자가와 부활 이야기가 제시하는 비전은 하나님 나라다. 교회는 하나님 나라를 실현하기 위해 노력해 왔다. 교회의 역사를 보면 교회가 십자가와 부활 이야기를 상실했을 때 교회의 정체성은 모호했고, 십자가와 부활의 이야기를 잘못 이해했을 때 교회는 타락했다. 교회는 십자가와 부활 이야기를 하면서 다가오는 하나님 나라를 꿈꾸는 공동체다.

chapter 03

성서 이야기의 주제 :
상처와 치유

성서의 수많은 이야기를 어떤 관점에서 볼까? 성서 이야기를 보는 관점 중의 하나는 '죄와 구원'이다. 교회는 전통적으로 이러한 관점으로 성서를 이해했다. 이런 이해에 의하면 성서는 아담과 이브 그리고 그들의 후예들인 타락한 인간을 구원하시는 이야기다. 타락한 인간은 하나님이 베푸시는 은총으로만 구원받을 수 있는데 십자가 사건이 바로 죄지은 인간을 용서하시고 구원하시는 하나님의 은총이라는 것이다. 예수님을 통한 구원론이 가장 중요한 신학적 주제였고, 교회의 사명은 죄인을 구원하는 것이다. 더 나아가 인간의 죄가 단순히 동료 인간에 대한 것뿐만 아니라 자연에 대한 것도 포함되어야 한다는 신학적 반성이 제기되면서 인간을 포함한 전 생태계의 구원이 성서의 핵심이라고 보고 창조론이 강조되기도 했다.

죄와 구원의 관점에서 보면 성서 이야기의 구조는 단순하다. 첫째, 인간이 죄를 짓는다. 모든 죄는 개인에 대한 것이든 공동체에 대한 것이든 그것은 하나님께 대한 죄가 된다. 죄는 피조물인 인간의 본래의 모습을 벗어난 것이고 창조의 질서를 깨뜨리는 것이다. 둘째, 하나님은 죄지은 인간을 심판하신다. 하나님은 책망하고 벌을 주셔서 죄에 대한 대가를 치르게 하신다. 셋째, 벌받는 인간이 자신의 죄를 뉘우치고 회개한다. 앞으로 죄를 짓지 않을 뿐만 아니라 하나님께 절대로 순종하고 하나님의 법도대로 살겠다고 다짐한다. 넷째, 그러면 하나님은 용서해 주신다. 성서에는 이런 구조가 반복적으로 나온다.

　　성서 이야기를 보는 다른 관점은 '상처와 치유'의 관점이다. 성서에는 처음부터 수많은 상처 입은 사람들과 그들을 치유하고 회복하는 이야기가 나온다. 아담과 이브, 그리고 가인의 이야기를 타락한 사람들의 이야기로 볼 수 있지만, 다른 한편으로는 상처 입은 사람들의 이야기로도 볼 수 있다. 아담과 이브는 하나님을 거역했던 아픈 상처를 지닌 채로 에덴동산을 떠나 살아가야 했다. 가인은 하나님으로부터 거절당한 후 그로 인한 상처와 시기심으로 동생을 살해한, 씻을 수 없는 아픔을 지닌 채로 놋 땅을 배회하며 살았다. 아벨은 억울하게 죽임 당했다. 하나님은 이들을 죄의 관점으로 보시지 않고 상처의 관점에서 보시고 그들을 돌보고 치유해 주셨다. 하나님은 어머니처럼 아담과 이브에게 손수 가죽 옷을 만들어 입히셨다. 하나님은 무서워하고 두려워하는 가인에게 보호표를 주셨다. 하나님은 억울하게 죽임 당한 아벨의 피의 호소를 들으셨다. 성서에는 상처 입은 인간과 그들을 돌보시는 하나님의 이야기가 계속 나온다. 쫓겨난 하갈과 그녀의 아들 이스마엘이 광야에서 죽어 갈 때, 천사가 나타나서 하나님이 아이의 우는 소리를 들으셨다고 일러 주고 구원해 주었다. 이집트에서 학대 당하는 하비루가 너무 힘들어서 신음 소리를 낼 때, 하나님이 그 신음 소리를 들으시고 구원해 주셨다. 시편의 수많은 탄식들은 개인과 공동체의 아픔을 하나님께 호소하는 내용들이다. 하나님은 이들의 호소를 들으시고 직접 혹은 사람을 보내어 그들의 호소에 응답하시고 치유해 주시고 구원해 주셨다.

　　성서를 상처와 치유의 관점에서 보면 성서 이야기의 구조는 죄와 구원의 이야기의 구조와 다르다. 첫째, 사람들이 상처로 고통을 받는다. 자신들의 잘못으로 고통받기도 하지만 억울한 피해를 입고 고통당하는 경우가 더 많다. 고통당하는 사람들은 고통을 참기도 하고 이겨 내려고 노력하기도 한다. 둘째, 그 고통이 견딜 수 없게 될 때 신음한다. 그 신음은 도와달라는 호소이며, 더 이상 억울하게 만들지 말라는 항거다. 셋째, 하나님은 그 신음 소리를 들으신다. 하나님은 피조물들이 고통당하는 모습을 보고 아파하신다. 넷째, 하나님은 고통당하는 사람들을 직접 혹은 사람들을 통해 구해 주시고 상처를 치유해 주신다. 상처의 치유와 회복의 관점에서 보면 하나님은 상처로 고통당하는 사람들 때문에 아파하시고 그들을 돌보고 치유해 주시는 분이다.

chapter 04

나의 이야기,
나를 위한 이야기인 성서

 이제까지는 성서 이야기는 중요하고, 나의 이야기는 별로 중요하지 않게
여겨 왔다. 내 이야기는 문제로 성서 이야기는 해답으로, 내 이야기는 타락의
이야기로 성서 이야기는 구원의 이야기로 보아 왔다. 즉 성서는 규범이 되는 이
야기로 이해되어 왔다. 물론 성서는 규범이 되는 이야기다. 그러나 성서가 규범
적 이야기가 되면 성서 이야기만 중요한 이야기가 되고 나의 이야기는 잘못된
이야기가 된다. 그렇게 되면 내 이야기는 성서 이야기에 의해 해석되고 평가되
고 변화될 대상에 지나지 않는다.

 성서 이야기만 중요한가? 내 이야기는 별로 중요하지 않고 늘 변화의 대
상에 지나지 않는가? 성서 이야기가 중요하지만 나의 이야기도 중요하다. 성서

에 나오는 인물들은 중요한 존재들이다. 그만큼 나도 중요한 존재다. 아브라함이 중요한 존재라면 나도 하나님이 주신 삶을 열심히 살아가는 중요한 존재다. 나의 이야기가 비록 문제 많고 타락한 이야기라고 할지라도 내 이야기는 나만의 이야기로 의미 있고 소중한 이야기다. 성서가 나를 위한 구원과 치유의 이야기가 되려면, 내 이야기도 중요하게 여겨져야 한다. 성서가 나를 위한 이야기가 되기 위해서는 몇 가지 단계가 필요하다.

첫 번째는 이야기하기를 통해 '성서의 인물 되살리기' 단계다. 설교나 성경공부는 이야기하기를 통해 성서의 인물들을 되살려 내는 작업이다. 이야기하기를 통해 살아난 아담과 이브는 그들이 왜 하나님을 거역했는지, 거역한 다음의 심정은 어떠했는지, 하나님이 찾아오셨을 때의 마음은 어떠했는지, 하나님이 손수 지으신 가죽 옷을 입혀 주실 때의 느낌은 어떠했는지, 에덴동산을 떠날 때의 심정은 어떠했는지에 대하여 이야기해 준다. 이야기하기를 통해 살아난 가인은 하나님께 드린 제사가 거절되었을 때의 심정은 어떠했는지, 거절당한 비참한 상태에서 하나님의 인정을 받고 좋아하는 동생 아벨을 볼 때의 마음은 어떠했는지, 죽일 만큼 동생이 정말 미웠는지, 죄 지은 다음에 찾아오신 하나님을 뵈었을 때의 심정은 어떠했는지, 두려워하는 자기에게 보호표를 찍어 주시는 하나님은 어떤 모습이셨는지 등등에 대해 이야기해 준다. 성서일과에 의하면 일 년을 주기로 예수님의 일생이 이야기된다. 예수님은 이야기를 통해 매년 탄생하시고 성장하시고 선교하시고 십자가를 지셨다가 부활하신다. 이야기하기를 통해 다시 살아나신 예수님은 우리에게 다가오시고 말을 걸어 주시고 이야기해 주신다. 왜 세상에 오셨는지, 왜 그토록 가난한 사람들과 약자들을 돌보셨는지, 언제 가장 외로우셨는지, 십자가의 고통이 얼마나 힘드셨는지, 어떻게 부활하셨는지 등등에 대해 이야기해 주신다.

두 번째는 성서 이야기가 '내 이야기'가 되는 단계다. 가인의 이야기를 읽다 보면 동생 아벨 앞에서 그가 얼마나 초라하게 느껴졌을지 이해된다. 그의 이야기는 거절당한 상처와 초라함을 감추고 살아가는 나의 이야기다. 요셉 이야기를 읽다 보면 그의 이야기가 나의 이야기처럼 읽혀진다. 부모를 떠나 타향에서 외롭게 살아간 요셉 이야기는 어린 시절에 부모를 잃고 여기저기 떠돌며 살아온 나의 이야기다. 요셉이 불쌍해서 울고 그와 비슷하게 살아온 자신이 불쌍해서 운다. 룻과 나오미의 이야기도 결혼하자마자 남편을 잃고 평생 고생하면서 살아온 나의 이야기다. 야곱의 이야기를 통해 하나님의 축복도 받고 남을 속여서라도 욕심을 채우려는 모순된 나의 모습을 보게 된다. 억울하고 답답해서 힘들었는데 시편 22편을 읽다가 그것이 바로 내가 드리고 싶었던 기도인 것을 발견하고 놀란다. "나의 하나님, 나의 하나님, 어찌하여 나를 버리십니까?"로 시작되는 시편 22편은 어쩌면 이렇게도 나의 심정을 잘 표현했을까? 이렇게 성서 이야기는 나의 이야기가 된다. 성서 이야기를 통해 내 모습이 보이고 내가 어떤 상태에 있는지에 대한 이해가 깊어진다.

세 번째는 성서 이야기가 '나를 위한 이야기'가 되는 단계다. 룻과 나오미의 이야기를 읽으면서 자기가 나오미의 신세와 같아서 많이 울던 사람이 나오미처럼 벌떡 일어난다. "그래, 나도 나오미처럼 다시 일어나 가야지. 가다 보면 하나님이 도와주시겠지" 하면서 남은 인생길을 간다. 야곱 이야기가 자신의 이야기가 되면 그 사람도 야곱처럼 새로운 존재가 되기 위해 얍복강가에서 뜨거운 눈물을 흘리며 하나님의 자비와 은총을 간구하게 된다. 요셉 이야기를 자신의 이야기로 읽은 사람은 "언젠가는 하나님이 요셉처럼 나를 좋게 꾸며 주실 거야"라고 믿고 어려움을 견뎌 낼 수 있다. 시편 22편을 자신의 기도로 드린 사람은 "주님은 나의 목자시니, 내게 아쉬움 없어라"로 시작되는 시편 23편을 자신을 위한 시로 읽을 수 있다.

그러나 우리는 너무 빨리 성서 이야기를 '나를 위한 이야기'로 만들어 버린다. 성서 이야기가 너무 빨리 '나를 위한 이야기'가 되면 성서 이야기는 설교, 교훈, 충고로밖에 여겨지지 않는다. 그렇게 되면 성서는 교훈서가 되고 이야기가 주는 감동과 힘은 사라진다. 그러므로 성서 이야기가 '나의 이야기'가 되고 그것이 '나를 위한 이야기'로 될 때 구원과 치유의 역사가 일어난다.

chapter 05

교회의 이야기가 달라져야 한다

성서 이야기가 내 이야기가 되고 나를 위한 이야기가 될 때, 비로소 나의 이야기는 새로운 의미를 갖는다. 내 이야기가 성서 이야기의 일부가 되고 하나님의 구원과 치유의 이야기에 포함된다. 이제까지 나의 이야기는 죄의 이야기 그리고 상처 입은 이야기였다. 별로 중요하지 않은 이야기, 감추고 싶은 이야기였다. 그러나 나의 이야기가 성서 이야기와의 만남을 통해 구원받은 이야기, 치유받은 이야기가 된다. 내 이야기는 온 인류를 죄에서 구원하시고 역사를 새롭게 하시는 출애굽 이야기의 일부가 되고, 허물과 상처 입은 사람들을 고쳐 주시고 망가진 역사를 치유하시는 십자가와 부활 이야기에 포함된다.

교회는 시대마다 구원과 치유의 이야기를 만들어 가야 한다. 그런데 교회에서 죄와 구원의 이야기 그리고 상처와 치유의 이야기는 사라지고, 성공과 축복의 이야기가 지배적인 이야기로 되는 것 같아 안타깝고 걱정스럽다. 교인들은 이 지배적인 이야기가 마치 성서 이야기의 핵심인 것처럼 오해하고 그 이야기의 주인공이 되려고 노력한다. 그렇게 되려고 노력하면 할수록 그런 이야기의 주인공이 되기보다는 오히려 작아지고 깊은 좌절감에 빠진다. 즉 잘못된 이야기의 희생자가 될 뿐이다. 성서 이야기는 성공한 사람들의 이야기가 아니다. 욕망을 실현한 사람들의 이야기도 아니다. 성서는 죄지은 인간들이 용서받고 구원받는 이야기며, 상처 입은 영혼들이 치유받고 회복되는 이야기다.

교회가 달라지려면 교회의 이야기가 달라져야 한다. 교회 이야기의 주제가 성서 이야기의 주제로 바뀌어야 한다. 죄의 용서, 허물의 용납, 상처의 치유, 죽음에서의 생명, 죽임으로부터의 살림, 사랑, 평화, 정의, 자유, 해방, 화해 등등은 하나하나 성서 이야기의 어마어마한 주제들이다. 축복, 부흥, 성장, 성공, 승리가 성서 이야기의 주제가 아니다. 성서는 성공과 축복의 매뉴얼이 아니다. 처세술 교본이나 윤리 교과서도 아니다. 성서는 죄 많은 인간이 하나님의 은총으로 용서받고 구원받아 새사람이 되는 감동스런 이야기다. 성서는 상처로 고통당하는 인간을 예수님이 어루만져 주시고 품어 주심으로 치유되고 회복되는 감격스런 이야기다. 교회가 달라지려면 성서를 허물 많고 타락한 인간을 구원하시는 하나님의 위대한 드라마로 읽고 그 이야기를 이어 가야 한다. 상처 입고 신음하는 사람과 세상을 치유하시는 하나님의 위대한 이야기로 읽고 그 이야기를 이어 가야 한다. 교회는 성서를 인간과 세상을 온전케 하시는 우주적 치유 사건의 이야기로 읽어야 한다. 교회는 성서를 온 땅에 평화가 임하는 하나님 나라의 도래를 꿈꾸는 사람들의 이야기로 읽어야 한다. 하나님은 출애굽과 십자가와 부활의 이야기를 전수받은 교회가 이 시대의 구원과 치유의 이야기를 만들어 가길 원하신다. 하나님은 이 시대에 한국 교회가 한반도에서 벌이는 구원과 치유 사건의 이야기를 듣고 싶어하신다.

욥은 고난 가운데서 절망하면서 하나님을 의심하고 하나님께 항의하면서 이제까지 믿어 온 하나님과는 다른 하나님을 만났다. 욥의 신앙은 무조건적인 순종과 복종을 통해서가 아니라 의심과 분노와 좌절 가운데서 재형성되었다. 그렇게 만난 하나님은 인과응보의 하나님, 권선징악의 하나님이 아니셨다. 온 우주를 창조하신 위대하신 하나님이셨다. 고난의 과정을 통해 욥은 위대하신 하나님을 만났을 뿐만 아니라 자신도 위대해졌다.

만일 욥이 친구들의 말처럼 고난이 죄의 결과라 생각하고 회개만 하였다면 그는 위대하신 하나님을 만나지 못했을 것이고 자신도 위대해지지 않았을 것이다. 욥의 위대성은 모든 슬픔과 고통을 겪어 가는 과정에서 생겨났다.

08

폭풍 속에서 만난 하나님

chapter 01

욥기 다시 읽기

전통적으로 욥은 고난 가운데서 끝까지 믿음을 지키고 더 많은 하나님의 축복을 받은 사람의 모델로 이해되어 왔다. 그러나 욥기를 다시 읽으면 욥기는 욥이 얼마나 믿음 좋은 사람 혹은 얼마나 경건한 사람인가에 대한 이야기가 아니다. 만일 욥의 이야기를 믿음 좋은 사람의 이야기로만 본다면 고난 중에서 신앙을 지키는 모습을 보여 주는 1~2장, 그리고 복 받는 내용을 담은 42장의 끝부분만 있으면 된다. 그런데 그 사이에 3~41장이 놓여 있다. 이 부분이 욥기의 핵심 부분이다. 3~41장의 욥의 모습은 1~2장의 모습과 전혀 다르다. 그는 놀라고 불안해하고 분노하고 좌절하고 호소하고 매달리고 항의하고 울부짖고 소리 지르고 신음한다.

당시의 전통적 신앙관은 고난을 두 가지 방식으로 해석했다. 첫째, 고난은 죄의 대가다. 당시 사람들은 하나님은 선한 사람에게 복을 내리시고 악한 사람에게 벌을 내리신다고 믿었다. 인간은 죄 때문에 하나님으로부터 고난을 받는다는 것이다. 둘째, 하나님은 사람을 단련시키시고 바른 길로 인도하시기 위해 고난을 주신다. 고난을 잘 견뎌 내면 더 좋은 복을 내려 주신다는 것이다. 교회는 이런 방식으로 욥의 고난을 해석해 왔다. 욥은 고난을 잘 견뎌 냈고 믿음을 끝까지 지켰으며 하나님은 그런 그에게 더 큰 복을 내려 주셨다는 것이다. 그러나 이런 식의 이해는 3~41장의 내용을 반영하지 않는 것이다. 3~41장은 욥이 살았던 당시의 신앙관으론 욥의 고난을 설명할 수 없고 하나님을 제대로 이해하지 못했다는 것을 보여 준다. 그런 신앙관이 오히려 인간을 더욱 고통스럽게 만들고 하나님을 왜곡된 모습으로 묘사한다고 폭로한다.

욥기는 의로운 욥, 고통을 견뎌 낸 욥, 믿음을 지킨 욥, 다시 복 받은 욥의 이야기가 아니다. 욥기는 어느 날 갑자기 일어난 비극 때문에 너무 무섭고 두렵고 불안하여 무엇을 어찌해야 할지 몰라 떨고 있는 사람의 이야기다. 하루아침에 자녀들과 재산을 다 잃었지만 도저히 믿을 수가 없어서 울지도 못하고 멍한 상태에 있는 사람의 이야기다. 아내는 떠나 버리고 온몸은 피부병으로 알아볼 수 없을 만큼 상하여 너무 아파 뒹굴면서 신음하는 사람의 이야기다.

욥기는 하나님께 끝까지 순종한 사람의 이야기가 아니다. 그는 하나님이 정말 의로운 분인가에 대해서도 의심했다. 믿음 좋은 척도 하지 않았다. 고난이 죄의 결과라고 말하는 친구들에게 자기는 고난을 받을 만한 죄를 짓지 않았다고 말했다. 그는 하나님께 무조건 순종하지 않았다. 오히려 억울하다고 소리 질렀다. 도대체 이렇게 고난받을 만큼 지은 죄가 뭐냐고 항의했다. 욥은 차라리 태어나지 않으면 좋겠다고 말했다. 죽는 것이 사는 것보다 낫다고 했다. 그는 삶을 저주했다. 욥은 경건한 척하지 않고 자신의 수치심을 감추지도 않았다.

욥의 이야기가 연극이나 뮤지컬로 공연되었다면 아주 감동적이었을 것이다. 공연이 끝난 후에 청중은 오래 오래 기립박수를 보냈을 것이다. 아마도 그들은 무대로 뛰어올라가 욥을 끌어안고 엉엉 울었을 것이다. 가슴이 아프고 그가 너무 불쌍해서 그렇게 했을 것이다. 다시 축복받은 욥을 마음껏 축하해 주고 기뻐했을 것이다.

chapter 02

욥을 찾아온 친구들

욥의 소식을 듣고 친구들이 찾아왔다. 그들은 욥을 알아보지 못할 정도였다. "그들이 멀리서 욥을 보았으나, 그가 욥인 줄 알지 못하였다. 그들은 한참 뒤에야 그가 바로 욥인 줄을 알고, 슬픔을 못 이겨 소리 내어 울면서 겉옷을 찢고, 또 공중에 티끌을 날려서 머리에 뒤집어썼다. 그들은 밤낮 이레 동안을 욥과 함께 땅바닥에 앉아 있으면서도, 욥이 겪는 고통이 너무도 처참하여, 입을 열어 한마디 말도 할 수 없었다."(2:12~13) 그들은 참 좋은 친구들이다. 그들은 아무 말 없이 욥과 함께 땅바닥에 일주일 동안 앉아 있었다. 친구들의 이런 태도보다 더 큰 위로가 어디 있을까?

욥은 말도 못하고 울기만 하는 친구들이 너무 고마웠을 것이다. 욥은 그런 친구들 앞에서 고통을 표현하기 시작했다. 친구들아 "밥을 앞에 놓고서도, 나오느니 탄식이요, 신음 소리 그칠 날이 없다. 마침내 그렇게도 두려워하던 일이 밀어닥치고, 그렇게도 무서워하던 일이 다가오고야 말았다. 내게는 평화도 없고, 안정도 없고, 안식마저 사라지고, 두려움만 끝없이 밀려온다!"(3:24~26) 아무한테도 말하지 못한 공포와 불안을 친구들에게 호소했다. 욥은 비참한 모습으로 망가져 가는 자신이 두렵다고 말했다.

욥은 친구들에게는 무슨 말이든지 할 수 있다고 생각했는지 깜짝 놀랄 만한 말들을 하기 시작했다. 그는 자신의 삶을 저주하는 말을 했다. "내가 태어나던 날이 차라리 사라져 버렸더라면, '남자 아이를 배었다'고 좋아하던 그 밤도 망해 버렸다면 … 어머니의 태가 열리지 않아, 내가 태어나지 않았어야 하는 건데. 그래서 이 고난을 겪지 않아야 하는 건데!"(3:3, 10) 이어서 욥은 하나님께 항의하기 시작했다. 이제까지의 욥의 신앙으로 보면 있을 수 없는 일이었다. "어찌하여 하나님은, 고난당하는 자들을 태어나게 하셔서 빛을 보게 하시고, 이렇게 쓰디쓴 인생을 살아가는 자들에게 생명을 주시는가?"(3:20) 의롭다고 소문난 욥, 하나님도 자랑스러워하시던 욥이 어떻게 이럴 수가 있을까? 그러나 욥은 친구들 앞에서 속마음을 다 털어놓았다.

욥의 모습을 지켜보던 친구들의 표정이 달라지기 시작했다. 축복받은 삶이라고 늘 감사하던 욥이 자신의 삶을 저주하고, 심지어 하나님을 의심하고 하나님께 항의하는 모습을 보면서 그들의 표정이 일그러지기 시작했다. 그들은 욥이 끝까지 믿음을 지킬 줄 알았다. 고통 가운데서도 하나님을 끝까지 믿고 하나님의 뜻을 기다린다고 말할 줄 알았다. 자신이 잘못을 저질렀기 때문에 하나님이 벌을 내리시니 당연히 받아야 한다고 말하면서 회개할 줄 알았다. 그런데 이게 웬일인가? 감사와 회개는커녕 하나님께 대드는 모습을 본 그들은 욥이 변했다고 생각했다. 욥이 벌받을 만하다고 생각했을 것이다. 드디어 욥의 친구들이 입을 열었다. 위로의 말을 하기 위해서가 아니라 욥을 비판하고 회개시키기 위해서다. 욥의 친구들은 비록 말은 하지 않고 있었지만 욥이 잘못을 저질렀기 때문에 벌을 받고 있다고 생각했던 것 같다. 그들이 입을 열기 시작한 때부터 고통스러워하는 욥은 안중에도 없었다. 오로지 하나님은 의로운 사람에게 복을 내리시고 잘못을 저지른 사람에게 벌을 내리신다는 신념만을 주장했다. 그들은 욥을 이해하기는커녕 자신들의 신앙관으로 욥을 변화시키고자 갖은 충고와 강요는 물론 협박도 했다.

욥의 친구들의 이러한 모습은 당연하다고 주장되는 교리나 신념체계가 얼마나 사람을 억압하고 하나님을 왜곡되게 표현하는지를 잘 보여 준다. 사람들은 하나님을 교리에 감금시켜 놓고 그 하나님의 이름으로 사람들을 평가하고 처벌하고 때론 죽이기도 한다. 욥의 친구들은 당시의 당연한 신앙관, 즉 하나님은 선한 사람에게 복 내리시고 잘못을 저지른 사람에게 벌을 내리신다는 교리를 가지고 욥을 평가하고 비난하기 시작했다.

먼저 엘리바스가 입을 열었다. 그는 "말을 하지 않으려고 했지만 참을 수가 없다"(4:2)고 했다. 가장 연장자인 그는 차분하게 타이르기 시작한다. 그는 "하나님을 경외하는 것이 네 믿음이고, 온전한 길을 걷는 것이 네 희망이 아니냐?"(4:6)고 하면서 욥의 경건성을 인정한다. 그런데 지금은 왜 이렇게 되었느냐는 것이다. 지은 죄가 있기 때문이 아니냐는 것이다. "잘 생각해 보아라. 죄없는 사람이 망한 일이 있더냐? 정직한 사람이 멸망한 일이 있더냐?"(4:7)라고 말한다. 그러므로 빨리 허물을 깨닫고 하나님께 순종하면 하나님이 다시 축복해 주신다고 말한다. 그리고 하나님은 때론 사람들을 교육시키기 위해 고난을 주시기 때문에 그것을 견뎌 내면 더 큰 복을 받을 수 있다고 말한다(5:17). 이 말을 들은 욥은 부아가 났다. 친구들의 돌변한 태도에 실망한 그가 말한다. "내가 전능하신 분을 경외하든 말든, 내가 이러한 절망 속에서 허덕일 때야말로, 친구가 필요한데, 친구라는 것들은 … 배신감만 느끼게 하는구나."(6:14) 욥은 하나님께서 경건성을 시험하시거나 단련시키기 위해 고통을 주신다고 생각하지 않고 하나님이 자신을 버렸다고 생각했다. 훈련을 위한 고난이라면 달게 받겠지만 하나님이 작정하시고 자신을 치신다고 생각하고 있다(6:4). 잘못이 있어서 고난을 받고 있다는 주장에 대해 욥은 무슨 잘못이 있는지 똑바로 알려 달라고 말한다. 이렇게 벌받을 만큼 잘못이 있으면 달갑게 받겠다는 것이다.

욥은 친구들에게 얼마나 고통스러운지 호소한다. "괴로운 밤은 꼬리를 물고 이어 갔다. 눕기만 하면 언제 깰까, 언제 날이 샐까 마음 졸이며, 새벽까지 내내 뒤척거렸구나. 내 몸은 온통 구더기와 먼지로 뒤덮였구나. 피부는 아물었다가도 터져 버리는구나."(7:3~5) 욥은 하나님께도 호소한다. 하나님은 얼마나 고통스러운지 아시느냐는 것이다. "차라리 숨이라도 막혀 버리면 좋겠습니다. 뼈만 앙상하게 살아 있기보다는, 차라리 죽는 것이 낫겠습니다."(7:15) 욥은 하나님께 차라리 자기를 모른 척해 달라고 애원한다. 왜 쫓아다니시면서 괴롭게 하시느냐는 것이다. 설령 잘못을 저질러서 그 벌을 받고 있다고 해도 너무 하다고 항의한다. "내가 죄를 지었다고 하여 주님께서 무슨 해라도 입으십니까? … 어찌하여 주님께서는 내 허물을 용서하지 않으시고, 내 죄악을 용서해 주지 않으십니까?"(7:20~21) 하나님은 무자비하다고 항의한다. 죄를 지었어도 적당히 벌주시고 모른 척하시면 안 되느냐는 것이다.

친구 중 하나인 빌닷이 입을 열었다. 하나님이 잘못을 저지르지 않았는데도 벌주시는 불의한 하나님이냐고 욥에게 묻는다. "너는 하나님이 심판을 잘못하신다고 생각하느냐?"(8:3)고 하면서 욥의 자식들이 죽은 것은 그들이 지은 죄에 대한 하나님의 벌이기 때문에 당연한 것이라고 말한다(8:4). 빌닷은 하나님께 대들지 말고 하나님의 자비를 구하고 정직하게 살면 하나님이 욥과 그의 가정을 회복시켜 주실 것이라고 말한다(8:5~6). 이것은 자기의 생각이라기보다 선조들이 물려 준 지혜라고 말한다(8:8~10). 욥은 자기도 하나님은 의로우시며 천지를 만드시고 섭리하시는 전지전능하신 분이라는 것을 알고 있다고 말한다. 그런데 그 어마어마하신 분이 자기와 같은 억울한 사람이 호소한들 들어 주시겠느냐고 말한다. 욥에게 하나님은 더 이상 개인의 호소에 귀 기울이시는 분이 아니다. "비록 그분께서 내가 말하는 것을 허락하신다 해도, 내가 부르짖는 소리를 귀 기울여 들으실까? 그분께서 머리털 한 오라기만한 하찮은 일로도 나를 이렇게 짓눌러 부수시고, 나도 모를 이유로 나에게 많은 상처를 입히시는데, 숨 돌릴 틈도 주시지 않고 쓰라림만 안겨 주시는데, 그분께서 내 간구를 들어 주실까?"(9:16~18)

욥을 지켜 주던 모든 것들이 흔들리기 시작했다. 하나님에 대한 이해, 세상과 삶에 대한 이해, 자신에 대한 이해도 흔들렸다. 복과 저주에 대한 개념도 혼돈스러웠다. 도대체 뭐가 뭔지 알 수 없었다. 굳게 지켜 온 신앙관이 흔들렸다. 무엇보다 더 이상 고난을 견딜 만한 힘이 없었다. 욥은 자신에게, 친구들에게, 그리고 하나님에게 솔직하기로 마음먹은 것 같다. "나는 이제 원통함을 참지 않고 다 털어놓고, 내 영혼의 괴로움을 다 말하겠다."(10:1) 욥은 하나님께 항의하고 불평을 털어놓았다. 하나님이 정말 의로우신가에 대하여도 질문하기 시작했다. 욥의 친구들은 욥이 의로운가에 대하여 질문했지만, 욥은 하나님이 의로우신가에 대하여 질문하기 시작했다. 욥은 하나님은 더 이상 자비로운 분이 아니며 용서하시는 분이 아니라고 보았다.

욥은 하나님께 자신을 더 이상 죄인 취급하지 말아 달라고 말한다. "나를 죄인 취급하지 마십시오."(10:2) 이런 벌을 받을 만큼 죄를 짓지 않았다는 것이다. 억울함을 풀어 주실 의향이 없으면 그냥 내버려 달라고 말한다. "제발, 나를 혼자 있게 내버려 두십시오."(7:16) 욥은 이런 벌을 받을 만큼 죄를 저지르지도 않았는데 벌 내리시는 하나님이 의롭지 못하다고 항의했다. 아무리 항의해도 하나님의 응답이 없자 욥은 체념한다. 차라리 죽을 때까지만이라도 조금이라도 편안히 있게 해 달라고 요구한다. "나를 좀 혼자 있게 내버려 두십시오. … 내가 잠시라도 쉴 수 있게 해 주십시오."(10:20)

세 번째 친구 소발은 욥의 울부짖음을 "헛소리"라고 규정한다(11:2). 그는 더 나아가서 욥이 당하는 고난은 그가 지은 죄에 비하면 가볍다고 말한다. 그 이유는 하나님은 자비로우신 분이시기 때문에 지은 죄대로 다 벌하시지 않기 때문이라는 것이다(11:6). 소발은 욥에게 잘못이 있으니 하나님에 대한 잘못된 생각을 고치고 악에서 떠나면 하나님이 다시 복 내려 주시고 "어둠은 아침같이 밝아질 것이다"(11:17)라고 말한다. 그러나 욥은 자신과 친구들이 이제껏 간직해 온 신관과 달리 하나님은 인간이 알 수 없는 방법으로 행동하신다고 말한다. "하나님은 제사장들을 맨발로 끌려가게 하시며, 권세 있는 자들을 거꾸러뜨리신다. … 하나님은 귀족들의 얼굴에 수치를 쏟아 부으시며 힘있는 사람들의 허리띠를 풀어 버리신다."(12:19, 21) 욥은 친구들에게 그들이 마치 하나님을 다 알고 있는 것처럼 이러쿵저러쿵 함부로 말하지 말고, 현재 당하고 있는 자기의 고난에 대하여도 마구 말하지 말라고 한다. 그런 행동은 고난을 당하는 사람의 고난만 가중시킨다고 말한다. "고통을 당해 보지 않은 너희가 불행한 내 처지를 비웃고 있다. 너희는 넘어지려는 사람을 떠민다."(12:5) 욥은 친구들이 하나만 알고 둘은 모르면서 허튼 소리를 한다고 말한다. 친구들의 태도가 고난당하는 자기에게 아무런 도움이 되지 못할 뿐만 아니라 하나님에게도 도움이 되지 못한다고 말한다. "너희는 왜 허튼소리를 하느냐? 너희는 하나님을 위한다는 것을 빌미삼아 알맹이도 없는 말을 하느냐?"(13:7)고 하면서 그들이 하나님을 변호한다는 것도 우습다는 것이다.

다시 등장한 엘리바스는 욥을 아예 믿음을 저버린 사람으로 본다. "정말 너야말로 하나님을 두려워하는 마음도 내던져 버리고, 하나님 앞에서 뉘우치며

기도하는 일조차도 팽개쳐 버리는구나."(15:4) 그는 욥이 회개하지 않으면 더 큰 재앙이 닥칠 거라고 위협한다. 욥은 친구들의 이런 태도가 위로는커녕 고통을 가중시킨다고 말한다. 욥은 친구들에게 말하는 대신 직접 하나님께 호소한다. 사람들은 자신의 고난을 하나님이 내리신 벌이라고 보고 자기를 경멸하기 때문에 하나님이 그렇지 않다고 변호해 주셔야 한다고 말한다.

소발은 이번에는 화를 내며 말한다. 그는 욥에게 모욕당했다고 느꼈기 때문이다(20:2~3). 그는 계속 악인은 멸망하게 된다고 역설한다. 이에 대하여 욥도 아주 강한 어조로 하나님은 친구들의 주장대로 언제나 의롭게 행동하시지 않는다는 논리를 편다. "어찌하여 악한 자들이 잘 사느냐?"(21:7)고 반문한다. 악한 자들이 장수하고 자녀 손들이 복 받고 재난도 없고 언제나 평화롭고, 그들의 가축들은 새끼를 잘 낳는데 왜 그러느냐고 질문한다. "그들은 그렇게 일생을 행복하게 살다가, 죽을 때에는 아무런 고통도 없이 조용하게 스올로 내려간다."(21:13) 이런 현상을 설명해 보라는 것이다. 욥은 "악한 자들의 등불이 꺼진 일이 있느냐? 과연 그들에게 재앙이 닥친 일이 있느냐? 하나님이 진노하시어, 그들을 고통에 빠지게 하신 적이 있느냐?"(21:17) 이런 현상들을 권선징악의 하나님으로 설명해 보라고 말한다. 욥은 하나님이 재앙을 내리셔도 악한 사람들은 항상 살아남는다(21:30)고 말하면서 이것을 어떻게 받아들여야 하느냐고 반문한다.

욥이 아무리 항변하고 간청해도 친구들의 태도는 변함이 없다. 엘리바스는 한 걸음 더 나아가서 욥의 잘못을 열거한다. 그는 욥이 저지르지도 않은 죄의 항목을 만들어 낸다. 부자였던 욥이 부와 지위를 이용하여 불의한 일을 저질렀다는 것이다. 타인의 재산과 땅을 빼앗고 과부와 고아와 나그네들을 학대하였다는 것이다(22:5~9). 그래서 벌받고 있다는 것이다. 이것은 설득이나 강요가 아니라 비난이고 정죄다. 사탄은 욥이 하나님을 경외하는 것은 까닭이 있기 때문이라고 보았고(1:9~10), 욥의 친구들은 욥이 고난을 받는 것도 까닭이 있기 때문이라고 보았다. 사탄은 하나님이 보상, 즉 번영을 주셨기 때문에 욥이 하나님을 경외한다고 보았고, 욥의 친구들은 욥이 잘못했기 때문에 하나님이 벌 내리신다고 보았다. 그들은 욥이 죄에서 돌이키고 겸손하면 하나님이 다시 은총을 베푸실 거라고 말했다. 욥은 더 이상 답변할 필요성을 느끼지 못했다. 결국 하나님만이 자신의 사정을 아실 거라고 믿었다. 그러나 그 하나님이 지금은 어디에 계신지 알 수 없어 죽을 지경이다.

욥은 친구들로부터 위로받기를 포기한다. 죽을 날이 얼마 남지 않았다고 판단한 그는 지난날의 좋은 시절을 회상하면서 다시 한 번 하나님께 자기의 옳음을 탄원한다(29장). 욥에게 고난이 임하기 전에는 참 좋은 시절이었다. 하나님이 친히 빛으로 인도해 주셨고, 하나님은 아주 가까운 곳에 언제나 계셨다. 자녀들과 재산의 축복이 넘쳤다. 사람들의 존경을 온몸에 받았다. 그는 가난한 사람들, 과부들, 고아들을 늘 따뜻하게 대해 주었다. 그에게는 지혜가 넘쳤으며 슬퍼하는 사람들에게 위로와 용기를 주었다. 그는 돈이 많다고 자랑하거나 그것을 의지하지 않았으며 설령 원수들이 재난당하는 것을 보았다 해도 기뻐하지 않았다. 그는 오로지 하나님만 섬겼다. 그는 해가 찬란하고 달이 아름다워도 그것들에게 절하지 않았다. 그런데 이제는 비참한 신세가 되었다. 그의 몰골은 흉해졌고, 사람들이 그를 비웃는다. 욥의 도움을 받은 사람들이 손가락질한다. 전에는 언제나 응답하시던 하나님이 이제는 부르짖어도 응답이 없다. 아무도 그의 말을 들어주지 않는다. 욥은 하나님의 말씀을 듣고 싶어하지만 하나님은 묵묵부답이시다.

욥의 세 친구는 더 이상 설득이나 강요가 불가능하다고 보았다. 그 때 엘리후라고 하는 친구가 입을 열었다. 그는 가장 나이 어린 사람으로 연장자들의 이야기를 듣고만 있다가 도저히 견딜 수 없었던 것 같다. 엘리후는 욥의 세 친구

가 욥을 충분히 설득하지 못했다고 평가하면서 "나는 세 분께서 말씀하신 것과
는 다른 방식으로 욥 어른께 대답하겠습니다"(32:14)라고 말을 시작한다. 그는
자기가 하는 말은 하나님이 주신 지혜라고 전제한다. 엘리후는 욥은 지은 죄로
인한 벌을 받고 있을 뿐만 아니라 하나님을 모독하는 죄까지 추가되었다고 공격
한다(34:37). 엘리후의 욥에 대한 공격은 살벌하기까지 하다. 한 사람의 맹목
적 확신이 고통 가운데 있는 사람을 난도질한다. 엘리후는 자기는 지금 하나님
을 대신하여 말한다고 선언한다(36:2). 수단과 방법을 가리지 않고 하나님의 의
로우심을 증명하겠다고 호언한다(36:3). 엘리후는 욥이 당하는 형벌을 감사히
받으라고 말한다. 이 고난이 그를 악한 길로 빠지지 않도록 지켜 준다는 것이다
(36:21). 그는 "욥 어른께 감히 말합니다. 어른은 잘못하셨습니다"(33:12)라고
대놓고 말한다. "이제 욥 어른은 마땅히 받으셔야 할 형벌을 받고 계십니다. 심
판과 벌을 면할 길이 없게 되었습니다."(36:17) 그러면서 욥은 그의 친구들과는
다른 하나님에 대한 관점을 제시한다. 그는 고난을 주시는 이유는 단지 잘못에
대한 벌뿐만이 아니라 훈련 때문이라고 주장한다. 즉 교육적인 목적 때문이라
는 것이다. 그는 하나님이 깨우침을 주시고 단련시키기 위해서 일부러 고난을
주신다고 주장한다. "사람이 받는 고통은, 하나님이 사람을 가르치시는 기회이
기도 합니다. 사람이 고통을 받을 때에 하나님은 그 사람의 귀를 열어서 경고를
듣게 하십니다."(36:15) 그러므로 고난을 참고 견뎌 내면 하나님이 좋은 길로
인도해 주신다는 것이다. 그는 하나님이 고난을 주시는 이유는 "사람의 생명을
무덤에서 다시 끌어내셔서 생명의 빛을 보게 하시려는 것"(33:30)이라고 말한
다. 엘리후는 욥의 고난을 단련의 목적으로 본다. 엘리후의 말에 대한 욥의 답
변은 없다. 똑같은 대답밖에 할 수 없을 것 같아서 그랬을 수도 있다. 엘리후가
앞의 친구들보다 더 강하고 날카롭게 비판하는 것에 질려서 그랬을 수도 있다.
그는 젊은 사람의 공격이 더 무섭다고 생각했나 보다. 이렇게 욥의 친구들은 돌
아가면서 욥을 공격했다. 아무도 욥의 편은 없었다.

너무 고통스러운 욥은 자기에게 훈계하고 충고하고 비난하는 친구들에게 하소연한다. "너희는 내 친구들이니 나를 너무 구박하지 말고 불쌍히 여겨다오. 하나님이 손으로 나를 치셨는데, 어찌하여 너희마저 마치 하나님이라도 된 듯이 나를 핍박하느냐? 내 몸이 이 꼴인데도, 아직도 성에 차지 않느냐?"(19:21~22) 계속 자기를 힘들게 하면 하나님이 심판하실 거라고도 말한다. 욥은 친구들에게 더 이상 자기를 괴롭히지 말아 달라고 아주 길게 호소했다.(19장)

chapter 03

폭풍 속에서 나타나신 하나님

　　알 수 없는 하나님이시다. 하나님은 욥이 그렇게 고난을 당하는 데도 나타나지 않으셨다. 욥이 대들어도 응답하지 않으셨다. 드디어 하나님이 나타나셨다. 그런데 하나님은 한마디의 위로도 없이 욥을 야단치신다. 아무리 하나님이시라고 해도 "사탄에게 너를 자랑하다가 이렇게 되었다"고 최소한 미안하다는 말씀 한마디는 하셨어야 하지 않을까? 그러나 하나님은 자신의 업적과 위대함을 장황하게 늘어놓으시기에 바쁘시다. 견딜 수 없는 고통 가운데서 친구들로부터 고통까지 당한 그에게 하나님은 역정을 내신다. 어찌 감히 네가 나를 의롭지 못하다고 하느냐는 식이다. 내가 온 우주를 만들고 섭리하는데 네가 감히 나보고 어쩌고저쩌고 하느냐는 식이다.

드디어 하나님이 폭풍이 몰아치는 가운데서 말씀하시기 시작했다. 그것도 오래 오래 길게 말씀하셨다. 자그마치 38장에서 41장까지다. 쉬지 않고 말씀하셨다면 한 시간 이상 말씀하셨을 것이다. 하나님은 욥에게 질문 형식으로 말씀하신다. 하나님의 질문은 하나님이 얼마나 위대하신지 아느냐는 내용이다. 네가 뭘 알고 떠드느냐고 야단치신다. "내가 땅의 기초를 놓을 때에, 네가 거기에 있기라도 하였느냐?"(38:4) 네가 뭘 좀 했다고 하는데 도대체 무엇을 했기에 그렇게 큰소리 치느냐는 식이다. "네가 아침에게 명령하여 동이 트게 해 본 일이 있느냐?"(38:12) 하나님은 질문하신 다음에 욥의 대답도 듣지 않으시고 바로 그런 일을 하나님이 하셨다고 말씀하신다. "구름으로 바다를 덮고, 흑암으로 바다를 감싼 것은 바로 나다."(38:9) 하나님은 수십 번 당신의 위대성과 관련된 질문을 하신다. 하나님은 아무 답변도 못하는 욥에게 아무 답도 못하는 주제에 감히 나를 비난하느냐며 혼내신다.

드디어 천둥소리 같은 하나님의 말씀이 끝났다. 폭풍도 잔잔해졌다. 소리도 내지 못하고 듣고 있던 욥이 입을 열었다. "저는 비천한 사람입니다. 제가 무엇이라고 감히 주님께 대답할 수 있겠습니까?"(40:4) 그는 크게 깨달았고 자신이 어리석었다고 말했다. 귀로만 듣던 하나님을 보았다고 했다. "깨닫지도 못하면서, 함부로 말을 하였습니다. 제가 알기에는, 너무나 신기한 일들이었습니다."(42:3) 알 수 없는 일이다. 왜 갑자기 욥이 이렇게 되었을까? 하나님이 나타나시면 하나님께 대들 줄 알았다. 도대체 왜 그러셨냐고 따질 줄 알았다. 그런데 이게 웬일인가? 갑자기 욥이 하나님 앞에 무릎을 꿇었다. 그는 목소리를 낮추고 티끌과 잿더미에서 회개한다고 말했다. 도대체 무엇을 회개한단 말인가? 그럼 친구들의 말이 모두 맞단 말인가?

욥이 견디기 힘든 고난 가운데서 원했던 것은 무엇이었을까? 욥을 힘들게 했던 것은 신체적·정신적 고통과 친구들의 비난이었을 것이다. 그러나 욥을 더욱 힘들게 했던 것은 하나님의 숨어 계심, 하나님의 부재였다. 잘못에 대한 대가로 고난받는다는 친구들의 말을 반박하면서도 하나님의 침묵하심 때문에 속이 타들어 갔다. 친구들이 비웃는 것 같았다. 네 말이 옳다면 하나님이 벌써 나타나셔서 너를 인정해 주시리라고 빈정거리는 것 같았다. 욥도 이제 서서히 하나님께 호소하기를 포기할 지경이었다. 처음에는 친구들의 말을 강하게 반박했지만 아무리 호소해도 하나님이 나타나시지 않자, 욥은 혹시 친구들의 말처럼 무슨 잘못이 있어서 벌을 받는 것이 아닌가라는 생각도 들었을 것이다. 그렇다면 자신은 하나님께 버림받은 존재가 아닌가라는 생각도 했을 것이다. 하나님께 대든 것 때문에 하나님이 정말 화나셨을까라는 생각도 했을 것이다. 모든 것이 혼돈스러웠고, 뒤죽박죽이었고, 버림받은 느낌이었다. 더 이상 버틸 힘도 없었다. 하나님께 호소할 힘도 없어졌다. 막막하고 정말 어찌해야 할지 모르는 순간에 있었다. 매우 슬펐고 억울했고 온몸과 마음이 오그라드는 아픔이 몰려오는 때였다. 그 때 하나님이 나타나신 것이다. 그러니 욥이 어찌 아니 기뻤을까? 그는 하나님이 나타나신 것만으로도 기뻤다. 엄마를 기다리던 아이가 처음에는 엄마가 안 온다고 화를 낸다. 엄마가 돌아오면 말도 하지 않을 거라고 하다가 시간이 지나면서 엄마에 대한 분노가 걱정으로 바뀌고 무사히 오시기만을 기원한다. 드디어 엄마가 왔을 때 이전에 가졌던 모든 분노는 사라지고 기뻐하는 것처럼 욥도 그랬을 것 같다.

하나님의 나타나심, 그것이 욥이 가장 절실하게 바라는 것이었을 것이다. 하나님이 나타나셔서 위로해 주시지 않아도 좋다. 야단치셔도 좋다. 그냥 나타나시기만 하면 된다. 그런데 이제 하나님이 나타나신 것이다. 욥은 하염없이 눈물을 흘렸을 것이다. 하나님이 나타나셨으니 기쁘지만 한편으로는 참으로 고통스러웠던 날들 때문에 하나님 앞에 엎드려 엉엉 울었을 것이다. 아주 오랫동안 그냥 엉엉 울었을 것이다. 그런데도 욥은 기뻤을 것이다. 어마어마하신 하나님이 찾아오셨기 때문이다. 위대하신 하나님이 자기에게 말을 거시고 말씀하섰기 때문이다. 위대하신 하나님 앞에서 하나님은 왜 의인들이 고난당하는 것을 못 본 척하시느냐는 그럴듯한 질문도 아무런 의미가 없었다. 사람들 보기에도 바르게 살고 하나님이 보시기에도 의롭게 살았는데 왜 나에게 축복 대신 고통을 주시느냐는 당당한 질문도 나타나신 하나님 앞에서는 더 이상 의미가 없었다. 욥은 나타나신 하나님, 말씀하시는 하나님 앞에서 입을 다물었다. 아무 말도 못했다. 정말 우리 앞에 하나님이 나타나신다면 입을 다물 수밖에 없을 것 같다. 하나님 앞에 선다면 아무 말도 못할 것이다. 그런데 하나님을 만나지도 못한 사람들이 마치 하나님을 만난 것처럼 목소리 높여 하나님에 대하여 설명한다. 하나님 앞에 서 보지 못한 사람들이 감히 하나님을 설명하려고 한다.

그런데 야훼 하나님이 왜 이제 나타나셨을까? 좀 더 일찍 나타나셔서 욥을 위로해 주셨더라면 얼마나 좋았을까? 하나님은 고통당하는 욥을 보고 계셨을 것이다. 하나님도 아파하시면서 혹은 후회하시면서 모든 것을 다 잃고 몸부림치는 욥을 지켜보시면서 응원하셨을 것이다. "욥아, 울어라. 소리 질러라. 사랑하는 자식들을 생각하며 통곡하라. 그래야 네가 다시 살아날 수 있다. 욥아, 나를 의심하고 나에게 분노하고 항의해라. 그래야 네 신앙이 달라질 수 있다." 하나님은 욥이 모든 것을 토해 내고 울어버릴 때까지 기다리셨나 보다. 그래야 상처가 치유될 수 있기 때문이다. 하나님은 욥이 하나님께 실컷 항의하도록 허용하시고 의심하도록 그대로 두셨다. 그래야 지금까지 갖고 있던 하나님에 대한 이해를 버리고 새롭게 하나님을 이해할 수 있을 것 같아서다. 그래서 하나님이 그렇게 늦게 나타나셔서 한마디의 위로도 없이 "나는 이런 하나님이다"라고 말씀하셨나 보다. 이미 욥은 받아들일 준비가 되어 있었다. 그래서 욥은 나타나신 하나님 앞에서 아무 말도 못하고 그냥 하나님을 바라만 보았을 것이다.

욥에게 나타나신 하나님은 친구들이 말했던 하나님과 다르다. 친구들의 하나님은 전능자, 엘샤다이 하나님이셨다. 그러나 욥에게 말씀하시는 하나님은 야훼 하나님이셨다(38:1). 38장 이전에 나온 하나님의 이름은 엘샤다이다. 여기서 처음으로 하나님을 야훼로 칭한다. 야훼는 출애굽기 3장 13~14절에서 모세를 이집트에 보내실 때 자기가 누군지를 밝히시면서 처음으로 사용되었던 이름이다. 두려워하며 떠는 모세에게 "내가 너와 함께 있겠다"(출 3:12)고 약속하신 바로 그 하나님이시다. 억울한 사람들을 돌보고 구원해 내시는 하나님이시며 자연과 온 우주를 섭리하시는 바로 그 야훼 하나님께서 나타나신 것이다. 야훼라는 이름은 계속 나온다(40:1, 3, 6; 42:1). 이제 욥은 하나님께 혼나는 것도 기뻤다. 인정받았다는 것이 너무 기뻤다. 좌절과 분노와 의심과 반항, 모두 인정받았다. 하나님은 그를 내 종이라고 부르셨다.(42:8)

chapter 04

하나님을 설명하는 친구들

욥의 친구들이 달라졌을까? 그들이 고수해 온 신앙관에 변화가 있을까?
신앙관은 쉽게 빨리 변하지 않는다. 그들은 욥과 긴 대화를 하는 동안 자기들의
신앙관에 대하여 의심했어야 했다. 자기들의 신앙관으로 욥을 평가하고 분석한
것이 욥을 가장 잘못 이해한 것일 뿐만 아니라 그를 가장 힘들게 한다는 것을 깨
달았어야 했다. 그들은 자기들이 목에 힘주고 설명하는 하나님 때문에 얼마나
많은 사람들이 힘들어하는지, 그런 설명이 하나님을 얼마나 잘못 설명하는 것
인지를 알았어야 했다.

그들은 하나님에 대하여 설명하거나 주장하지 말고 바로 그 순간을 위한
하나님의 임재를 기원했어야 했다. 비명 지르는 욥에게 하나님의 자비를 기원

해야 했다. 하나님의 부재로 더욱 힘들어하는 욥과 함께 힘들어하고 답답하고 안타까워해야 했다. 그들은 욥이 하나님께 지은 죄를 고백할 때까지 공격하고 비난하고 윽박지르지 말고 욥의 처지가 되어 보아야 했다. 차라리 욥과 함께 하나님께 항의하고 도와달라고 탄원했어야 했다. 그러나 그들은 처음부터 끝까지 자기중심적이었다. 자기들의 신앙관에서 떠나지 않았다. 어찌 보면 그들도 잘 못된 혹은 편협한 신앙관의 피해자들이다.

욥의 친구들에게 냉철함은 있었으나 따뜻함이 없었다. 자기들의 주장은 강했지만 상대에 대한 배려는 전혀 없었다. 논리는 있었으나 연민이 없었다. 자기들의 신관에 대하여 의심을 제기하지 않았다. 누구보다 욥을 잘 아는 그들은 욥의 고난의 이유에 대해 죄의 문제 말고 다른 것이 있나 생각해 보려고도 하지 않았다. 고난의 원인 문제를 가지고 싸우다가 욥을 더욱 괴롭게 만들었다. 그들은 한 번도 "욥아, 다른 사람은 몰라도 우리는 네가 받는 고난이 과연 죄에 대한 하나님의 벌일까라는 의심이 든다"라고 말하지 않았다. 그러나 욥은 자기의 목소리를 냈다. 친구들의 주장에 동조하지 않았다. 하나님께 의심이 생기면 의심하고 하나님이 정당하지 않다고 생각될 때는 하나님께 항의했다. 심지어 죽고 싶다고까지 말했다. 그래서 욥에게 나타나신 하나님은 욥의 친구들에게 그들이 욥처럼 옳게 말하지 못했다고 야단치셨다(42:7). 공동번역에 의하면 그들이 "욥처럼 솔직하지 못하였다"고 하셨다. 하나님은 욥이 더 솔직하고 진실했다고 인정해 주셨다.

욥의 친구들은 하나님이 나타나셔서 욥에게 말씀하시고 그를 인정해 주시는 모습을 보면서 부끄러웠을 것이다. 하나님을 대신해서 하나님처럼 말했던 것이 창피했을 것이다. 하나님에 대해 이렇다 혹은 저렇다라고 말하는 것이 하나님을 가장 잘못 말하는 것이다. 설명할 수 없는 하나님을 설명하려고 하는 것이 교만이며, 설명할 수 없는 하나님을 설명해 놓고 그런 분이 바로 하나님이라고 주장하는 것이 우상숭배다. 욥의 친구들이 그렇게 했다. 욥의 친구들은 자신들의 신앙관으로 욥을 공격했고 그 신앙관 안에 하나님을 가두어 놓으려 했다. 친구들은 마치 하나님을 만난 사람들처럼, 때론 자신들이 하나님인 것처럼 자신만만하게 하나님에 대하여 말했다. 오히려 친구들은 이렇게 말했어야 했다. "욥아 고통당하는 너를 보고 있자니 뭐라고 위로할 말이 없구나. 우리가 가진 신앙관에 의하면 하나님은 선한 사람에게 복 주시고 악한 사람에게 벌주시는데, 우리가 아는 너는 이런 벌을 받을 만큼 잘못을 저지를 사람이 아닌데, 왜 이런 일들이 일어나는지 정말 모르겠구나. 그러나 혹시 네가 잘못을 저질러서 이렇게 되었다고 해도 하나님은 금방 자비를 베푸시고 용서해 주실 거야. 힘들지만 견뎌 내자구나. 우리가 네 곁에 있을게." 그러나 그들은 하나님을 변호하고 자신들의 신앙관으로 욥을 공격하고 비판하다가 죽을 만큼 힘들어하는 욥을 놓쳐 버렸다. 그들이 욥의 입장이 되어 보았더라면 다르게 말했을 것이다. 그들은 욥과 함께 아파하고 욥과 함께 하나님께 항의도 했을 것이다.

chapter 05

욥을 위한 목회 돌봄

　　지금도 욥처럼 원인을 알 수 없는 고난을 당하는 사람들이 많이 있다. 설령 고난의 원인을 안다고 해도 혼자서 고난을 견디기 힘들어 하는 사람들도 많이 있다. 현대의 욥을 어떻게 상담할까? 상담자는 먼저 욥에게 무엇을 해 주어야 한다는 강박관념에서 벗어나야 한다. 상담자는 절망하는 사람에게 빨리 희망을 주고 위로를 하려고 한다. 그러나 희망은 그렇게 생기지 않는다. 위로도 그렇다. 상담자들이 빨리 희망을 주고 위로를 주려는 것은 상담자의 자기 방어적 행위일 경우가 많다. 내담자의 비참한 상황에서 빨리 벗어나고 싶어서다. 비참한 상황과 마주하지 않으려는 것이다. 욥의 친구들의 태도도 마찬가지였다. 그들은 욥의 비참한 상황과 대면하지 않으려고, 그런 상황에 있는 욥과 관계를 맺지 않으려고 욥을 평가하고 분석하고 설명했다고 볼 수 있다. 즉 욥과 거리 두기를 했다. 그래야 자신들이 편해지니까. 욥과 같은 사람을 어떻게 돌보고 상담해야 할까?

첫째, 욥의 얼굴을 바라보아야 한다. 욥과 같은 사람을 만났을 경우 먼저 그 앞에 서서 그의 얼굴을 바라보아야 한다. 욥의 친구들은 욥의 얼굴을 바라보았어야 했다. 그러면 욥의 호소를 듣고 다르게 행동했을 것이다. 그러나 그들은 욥의 얼굴은 벌받은 얼굴이라고 이미 단정지어 버렸다. 그래서 그들은 욥의 얼굴의 호소를 들을 수가 없었다. 욥의 얼굴의 명령을 들을 수가 없었다. 상담자는 먼저 내담자의 얼굴을 바라보아야 한다. 내담자들은 자신 있는 모습이나 자랑스러운 모습을 보여 주려고 상담실에 오는 것이 아니다. 가장 연약한 모습, 가장 부끄러운 모습을 보여 주고 돌봄받고 치료받고 싶어서 온 것이다. 내담자가 가장 연약한 모습 혹은 가장 부끄러운 모습을 보여 줄 때, 그것을 보고 평가하고 분석하는 것이야말로 그 사람에게 가장 큰 상처를 주는 것이다.

상담자는 내담자의 얼굴을 바라보고 그 얼굴의 호소를 들어야 한다. 상담은 상담자가 호소하거나 명령하는 것이 아니다. 상담은 내담자의 얼굴의 호소를 들음으로 시작한다. 상담은 그 호소에 응답하는 것이다. "울고 싶어요"라고 말하면 실컷 울게 해 주어야 한다. 울 수 있는 공간을 마련해 주어야 한다. "이야기하고 싶어요"라고 하면 마음껏 이야기할 수 있도록 관심과 기대감을 가지고 들어야 한다. "쉬고 싶어요" 하면 상담실은 아무것도 안 해도 되는 진정한 쉼의 공간이 되어야 한다. "나도 소중한 존재가 되고 싶어요"라고 말하면 그를 존중해 주고 인정해 줌으로써 당신은 귀중한 존재라는 경험을 갖게 해 줘야 한다. "하나님 때문에 정말 화가 나요"라고 말하면 하나님께 솔직하게 말할 수 있는 신뢰의 공간을 마련해 주어야 한다.

그러나 욥의 친구들은 욥을 분석하고 평가하기에 바빴다. 욥의 이야기가 귀에 들어오지 않았다. 욥의 일그러진 얼굴의 호소와 명령을 들으려고 하지도 않았다. 욥을 상담할 때 먼저 욥의 얼굴을 바라보아야 한다. 비참한 지경에 놓인 욥을 놓고 하나님 운운하는 것은 나에게 문제가 많음을 의미한다. 비참한 욥과 어떤 관계도 맺지 않겠다는 지독한 자기 방어적 태도다. 욥을 옆에 놓고 토론하는 것은 그를 바라보기가 그만큼 두렵다는 것이다. 자신이 없다는 의미이기도 하다.

　목회자와 상담자는 먼저 욥을 향하여 나아가야 한다. 마치 우리가 하나님을 향하여 나아가듯이 그를 향하여 나아가야 한다. 그의 앞에서 그의 얼굴을 바라볼 때 그가 왜 그렇게 되었을까라는 질문이 생기면 재빨리 머리를 흔들어 지워버려야 한다. '참 불쌍하다'라는 생각이 들면 그를 더 비참하게 만드는 것이다. '나는 참 다행이다'라는 생각이 들면 그만큼 내가 이기적이 되었다는 뜻이고 그만큼 나를 방어하며 살아왔다는 증거다. 그럴 때는 뒤로 한 발자국 물러나서 잠시 마음을 가다듬은 다음에 그에게 나아가야 한다. 처음에는 한 발자국씩, 너무 두렵고 떨리면 잠시 멈췄다가 또 한 발자국씩 다가가야 한다. 그의 얼굴을 바라볼 수 있을 만큼 되면 아무 말도 하지 말고 그의 얼굴을 바라보아야 한다. 아무런 생각이나 감정 없이 바라보면 그의 얼굴이 우리의 마음을 건드릴 것이다. 우리 안에 감정을 만들어 낼 것이다. 그의 얼굴이 우리에게 어떤 생각을 시작하도록 할 것이다. 그의 얼굴이 우리의 영혼을 깨울 것이다. 그의 얼굴을 향하고 있으면 그 얼굴이 우리에게 호소하고 부탁하고 명령할 것이다. 그 호소, 그 부탁, 그 명령을 들을 때까지는 아무 말도 하지 말아야 한다. 어떤 위로도 하지 말고 어떤 희망도 주어서는 안 된다. 그의 얼굴을 계속 바라보고 있으면 그 얼굴의 호소, 부탁, 명령이 하나님의 호소, 부탁, 명령으로 들릴 것이다. 이 때 우리가 진정한 목회자가 되고 상담자가 될 수 있다.

　둘째, 욥이 말하게 하고 애도하게 해야 한다. 먼저 욥의 이야기에 귀를 기울여야 한다. 욥에게 말하지 말고 욥이 우리에게 말하게 해야 한다. 사랑하는 아들딸이 보고 싶다는 이야기, 어디에 있는지 모르는 아내에 대한 그리움과 서운함의 이야기, 고통스럽고 불안하고 무섭다는 이야기, 아주 비참하고 초라하다는 이야기, 하나님에 대한 절망감과 서운함의 이야기를 들어야 한다. 욥이 애도하게 해야 한다. 욥이 애도해야 살아갈 수 있다. 욥은 사랑의 대상을 하루아침에 다 잃었다. 사랑하는 아들딸들이 하루아침에 다 죽었다. 평생 고락을 함께한 아내가 견디다 못해 집을 나갔다. 사랑의 대상은 곧 자기의 일부이기 때문에 사랑의 대상의 상실은 곧 자기 상실이 된다. 사랑의 대상의 상실과 함께 자기 상실도 경험하고 있기 때문에 우는 것이다. 애도한다는 것은 상실을 인정하는 것이다. 사랑의 대상이 있었기에 내가 존재했었는데 그들이 사라지니 자신이 초라해지고 아무것도 아닌 것 같아서 운다. 애도한다는 것은 자신을 향해 "그들은 돌아오지 않아. 그들은 돌아올 수 없는 곳으로 간 거야"라고 말하는 것이다. 그들 없는 '나'가 홀로 길을 가 보려고 우는 것이다. 욥은 실컷 울어야 한다. 울음을 억제하지 말고 온몸으로 울어야 한다. 그래야 욥이 살아갈 수 있다. 울지 않으면 상실의 자리에서 계속 머물게 된다. 욥은 울었다. 재에 뒹굴면서 엉엉 울었다. 친구들의 비난과 비판에 대응하면서도 울었고, 하나님을 원망하면서도 울었다. 실컷 울고 나면 홀로 남은 자신을 스스로 위로하면서 한 발자국씩 길을 갈 수 있다.

셋째, 욥이 하나님에 대하여 솔직하게 말하도록 해야 한다. 하나님에 대한 기대, 호소, 의심, 불만 등을 솔직하게 말하게 해야 한다. 그래야 고난의 현실을 직면할 수 있고 그가 가진 신앙이 고난을 견디는 데 도움이 되는지 아니면 방해가 되는지를 판단할 수 있다. 하나님에 대하여 솔직하게 말해야 하나님이 그 순간 어떻게 현존하시는지도 알 수 있게 된다. 상담은 하나님에 대하여 토론하는 것이 아니다. 보수적 신앙의 관점에서 하나님을 믿든, 진보적 신앙관을 가지고 하나님을 믿든 그게 왜 중요한가? 중요한 것은 하나님이 지금 여기 이 사람, 하나님도 멀리 있다고 여겨져서 절망하고 있는 이 사람에게 어떻게 역사하고 계시는가다. 욥의 친구들의 잘못은 그들의 방식대로 믿는 하나님이 욥에게 어떻게 역사하시는지를 찾지 않고 욥이 잘못되었다고 비판하고 자기들의 신앙관만 고집한 데 있다.

상담은 상담자가 자신의 신앙관을 가지고 내담자의 신앙관이나 태도를 비판하고 분석하는 것이 아니다. 상담자는 내담자의 고통과 아픔을 이해하는데 자신의 신앙관이 어떻게 도움이 되는가를 찾아야 한다. 그리고 내담자가 자신의 신앙관으로 현실을 어떻게 대면하는지를 살펴보아야 한다. 사람들은 어려운 일을 당할 때 우선 자신이 가지고 있는 신앙의 입장에서 이해하려고 한다.

"하나님은 더 큰 축복을 주시려고 이런 어려움을 주신다."
"나도 나름대로 열심히 신앙생활 해 왔는데 왜 내가 이런 고통을 당해야 하나?"
"결국 내가 저지른 죄 값을 받고 있구나."

이것은 1차적 신앙에서 나온 표현이다. 1차적 신앙은 어릴 적부터 지금까지 형성되어 온 신앙이다. 이것은 부모나 교회에서 받은 영향, 배운 지식, 자신의 경험, 소원 등이 결합된 신앙이다. 견디기 힘든 위기를 당하게 될 때 우선 1차적 신앙으로 대응한다. 1차적 신앙으로 대응하는 것으로 문제가 종결된다면 1차적 신앙은 더욱 강화된다. 그러나 1차적 신앙이 충분하지 않거나 대응하는데 힘을 발휘하지 못하게 될 때 1차적 신앙은 도전받고 흔들린다. 신앙에 대한 회의도 생기고 신앙의 의미성에 대한 의심도 품게 된다. 하나님에 대한 이해도 마찬가지다. 감당하기 힘든 위기를 당하게 되면 하나님에 대한 이제까지의 이해가 흔들린다. 이 때 신앙 혹은 하나님에 대한 이해가 재구성될 필요성이 제기된다.

chapter 06

2차적 신앙의 형성을 돕는 목회

위기를 당한 사람은 처음에는 1차적 신앙을 가지고 대응하지만 시간이 지나면서 새로운 형태의 신앙, 즉 2차적 신앙이 형성된다. 2차적 신앙은 새로운 현실과의 만남 혹은 경험을 통해 새롭게 구성되는 신앙이다. 하나님에 대한 이해도 마찬가지다. 예를 들어 '하나님은 전능하시고 사랑이 많으신 분'이 1차적 신앙을 구성하는 중요한 요소라고 생각해 보자. 위기를 당하게 되면 이 신앙이 흔들릴 수 있다. 어린 아기가 질병이나 다른 이유로 사망했다면 '왜 전능하신 하나님이 이 아이를 지켜 주지 않으셨나?' 혹은 '하나님은 정말 사랑의 하나님이실까?'라는 의문을 갖게 된다. 이런 상황에 대해 뭐라고 대답할 수 있나? 욥의 친구들이 욥에게 했던 것처럼 그 아이에게 죄가 있어서 그런 것이라고 말할 수 있나? 부모가 저지른 잘못 때문이라고 말할 수 있나? 부모를 깨우치기 위한 하나님의 훈련 방법이라고 말할 수 있나? 이것은 바른 답변이 아니다.

위기를 당한 사람은 자신의 1차적 신앙이 흔들리고 그것이 지금의 위기에 큰 도움이 되지 못한다는 것을 알게 된다. 목회자와 상담자는 1차적 신앙이 흔들리고 있는 교인의 곁에 서 있어야 한다. 교인들은 하나님에 대한 두려움 때문에 솔직한 표현을 감추려고 한다. 믿음이 부족해서 위기가 닥쳐왔다는 생각이 들면 현재 당하는 아픔을 숨긴 채로 믿음을 강화시키려고 시도할 수도 있다. 그러나 목회자와 상담자의 도움을 받아 위기 경험과 흔들리는 신앙을 드러낼 때 비로소 새로운 신앙이 형성될 수 있다. 하나님에 대한 새로운 이해가 만들어질 수 있다.

> 저는 하나님은 온 세상을 지으시고 섭리하시는 전능하신 분, 모든 사람을 사랑하시는 하나님이라고 들었고 그렇게 믿고 지내왔습니다. 그런 신앙관이 저에게는 늘 큰 힘이 되었습니다. 그래서 언제나 '전능하신 하나님이 나를 보호해 주시고 사랑의 하나님이 나와 늘 함께 계시다'라고 믿고 살았습니다. 그러나 위기를 당하고 보니 '하나님은 어린 아이의 생명도 지켜 주시지 못하는 분인가?'라는 생각이 들었습니다. 그리고 아주 멀리 계시는 것 같았습니다. 사랑의 하나님이 아닌 것처럼 느껴졌습니다. '내가 잘못 믿었나?'라는 생각도 들었습니다. 신앙뿐만 아니라 삶 전체가 흔들리고 무너지는 것 같았습니다. 그런데 돌봄을 받는 동안 하나님을 다르게 경험했습니다. 하나님께 항의하면 야단치실 줄 알았는데 하나님은 안타까워하시는 것 같았습니다. 내가 "하나님, 왜 그러셨어요?" 하면 하나님은 아무 말 없이 울고 계신 것 같았습니다. 얼마 후에 정신을 차렸을 때는 나를 포근히 안아 주시면서 "미안하다. 정말 미안하다"라며 눈물을 흘리시는 것 같았습니다.

이것이 1차적 신앙이 2차적 신앙으로 바뀌는 모습이다. 2차적 신앙은 1차적 신앙보다 삶을 훨씬 힘있게 지탱시켜 준다. 위기의 경험을 통해 '나의 신앙, 나의 하나님'이 새롭게 형성되었기 때문이다. 욥의 신앙도 그렇게 재형성되었다. 욥과 욥의 친구들의 1차적 신앙은 '하나님은 바르게 살면 복 내려 주시고 죄를 지으면 벌을 주신다'는 내용이다. 그러나 이런 신앙은 욥의 현실을 설명해 주지도 못했고, 욥에게 힘이 되어 주지도 못했다. 욥의 친구들은 끝까지 1차적 신앙에서 벗어나지 못했다. 욥도 처음에는 1차적 신앙으로 현실을 대면하려고 했다. 그러나 그것은 영문도 모르는 채 당하는 고난의 현실 앞에서 흔들렸고 재형성의 도전을 받았다. 욥은 하나님께 항의하면서, 하나님을 의심하면서, 하나님께 살려 달라고 애원하면서 하나님과의 관계를 새롭게 했고 그의 신앙도 변했다. 하나님은 단지 개인에게 번영을 주시는 하나님이 아니라 온 우주를 지으시고 섭리하시는 하나님이라는 새로운 이해를 가지게 되었다. 하나님은 개인의 행동에 따라 번영을 주시고 안 주시는 하나님만이 아니라 온 우주를 지으시고 섭리하시는 하나님이라는 사실을 깨달았다. 욥은 그 하나님이 바로 자신의 하나님이라는 사실에 큰 자부심도 얻었다.

대부분의 사람들은 위기를 당하면 마치 삼각형이 거꾸로 선 것처럼 흔들리고 불안정하여 자신을 재구성할 수 없다. 그러나 누군가 좋은 대상이 함께 있어 주면 그들은 위기를 견뎌 낼 수 있고 자아를 재구성할 수 있는 능력을 얻게 된다. 이것이 목회자의 역할이며, 상담자의 역할이다. 상담은 고통을 통해 하나님의 뜻을 발견하도록 도와주는 것이 아니라 고통당한 사람에게 하나님의 임재를 경험하도록 도와주는 것이다. 상담은 흔들리는 신앙을 굳건하게 해 주는 것이라기보다 위기와 경험을 통해 내담자가 스스로 자신의 신앙을 새롭게 하도록 도와주는 것이다.

chapter 07

위대해진 욥

욥은 고난 가운데서 절망하면서 하나님을 의심하고 하나님께 항의하면서 이제까지 믿어 온 하나님과는 다른 하나님을 만났다. 욥의 신앙은 무조건적인 순종과 복종을 통해서가 아니라 의심과 분노와 좌절 가운데서 재형성되었다. 그렇게 만난 하나님은 인과응보의 하나님, 권선징악의 하나님이 아니셨다. 온 우주를 창조하신 위대하신 하나님이셨다. 욥은 42장 5절에서 "전에는 들었으나 이제는 눈으로 보았다"고 말한다. 욥이 두 눈으로 본 하나님은 위대한 하나님이셨다.

고난의 과정을 통해 욥은 위대하신 하나님을 만났을 뿐만 아니라 자신도 위대해졌다. 만일 욥이 친구들의 말처럼 고난이 죄의 결과라 생각하고 회개만

하였다면 그는 위대하신 하나님을 만나지 못했을 것이고 자신도 위대해지지 않았을 것이다. 욥의 위대성은 모든 슬픔과 고통을 겪어 가는 과정에서 생겨났다. 그는 하루아침에 사라진 가족 때문에 가슴이 찢어지는 슬픔을 경험했다. 생전처음으로 견디기 힘든 신체적 고통을 겪었다. 모든 것을 한꺼번에 잃는 경험을 했다. 그는 고통 가운데서 자신의 삶을 되돌아보았고 이제까지 가지고 있던 하나님에 대한 신앙에 대해서도 다시 생각했다. 모든 것을 상실하는 경험을 겪는동안 욥은 새로운 존재로 태어났다. 하나님에 대한 새로운 신앙도 얻었고, 자신과 세상에 대한 이해도 달라졌다. 욥은 고난은 결코 죄의 결과라고 말하지 않았을 것이다. 고난을 겪고 나면 더 많은 복을 받는다고도 말하지 않았을 것이다. 대신 자기처럼 고난당하는 사람들을 보살피며 살았을 것이다. 원인도 모르고 고통당하는 사람들을 찾아가서 그들 곁에 있어 주고, 그들의 이야기에 귀 기울이고, 그들이 울 때 어깨를 내밀어 주고, 그들이 하나님께 항의하고 소리 지를 때그의 손을 잡아 주었을 것이다.

고난의 문제가 여전히 남는다. 고난의 원인은 모른다. 알 수도 없다. 설령 안다고 해도 이미 고난은 닥쳐 와 있다. 이 고난을 어떻게 할 것인가? 욥이당한 고난에 대한 친구들의 견해는 잘못되었다. 인간의 고난은 잘못에 대한 벌때문이 아니다. 인간이 하나님을 섬기는 것은 까닭이 있기 때문이라는 사탄의생각도 틀렸다. 친구들의 신앙관이나 사탄의 생각으로는 욥의 고난을 설명할 수없다. 욥기는 고난의 원인을 찾는다는 것이 무슨 의미가 있느냐고 질문한다. 고난의 원인을 찾는 것보다 고난당하고 있는 욥을 돕는 것이 더 중요하다. 설령 욥이 지은 죄의 대가로 고난을 받는다고 해도 우선 주위 사람들이 할 일은 그를 위로하고 그의 회복을 돕는 것이다.

중년기를 맞이한 사람들은 하나님의 얼굴을 다시 보아야 한다.

젊은 시절 타향으로 가다 거친 벌판에서 하룻밤을 지낼 때 찾아오셨던 하나님을 다시 만나야 한다. 중년기가 되어 영혼의 고향을 찾아가는 사람들은 강을 건너기 전에 하나님을 다시 만나야 한다. 그리고 하나님이 주시는 축복인 용서와 용납과 치유 그리고 인도를 받아야 한다. 이 축복을 받아야 영혼의 고향을 찾아갈 수 있다. 그렇지 않으면 인생의 전반부처럼 타향에서의 삶이 계속될 수밖에 없다. 그렇게 되면 몸은 쇠퇴하고 마음은 메마르고 영혼은 피폐해진 채 여전히 소유 형태의 삶만을 추구하게 될 것이다. 더 나이 들기 전에 축복받은 존재가 되어야 한다.

09

영혼의 고향을 찾아가는 사람들

chapter 01

고향으로 돌아가는 중년 아홉

인생 여정의 중간 지점을 통과한 사람들의 삶의 이야기는 언제나 진하다.

"어찌어찌하다보니 여기까지 왔네요."

"겨우 올라왔는데 떨어질 것 같아 늘 불안합니다."

"이제 한번 제대로 살아보려고 마음먹었는데 암이라네요."

"홀로 있고 싶었는데 막상 홀로 있어 보니 일하는 것보다 더 힘드
네요."

"가족은 함께 같은 길을 가는 줄 알았는데 남편이 가는 길과 자식
들이 가는 길이 각기 다르고, 내가 가는 길도 다른 것 같네요."

"다시 한 번 살 수 있다면 정말 잘 살 것 같아요."

"시간의 힘이 강력한 것 같아요. 나를 여기까지 밀어냈네요. 시간
이 어느 날 '너는 여기까지'라고 말할 날이 금방이라도 올 것 같아
두려워져요."

"중년이 되니 슬픔과 외로움이 제 주위를 맴돌고 있는 것 같아요."

"삶이 생각보다 시시하다는 생각이 들 때가 많습니다."

"가끔 어릴 적부터 믿어 온 하나님이 하늘에 계신 하나님과 같은
하나님일까라는 생각이 들 때가 있습니다."

이러한 말들은 표현은 다르지만 모두 인생의 후반부를 어떻게 살까에 대
한 걱정들이다.

중년기를 맞이하면 삶의 주제와 내용이 달라진다. 고민과 걱정도 달라진
다. 심리학자들에 의하면 인생의 전반부는 생의 에너지가 밖으로 분출하는 때
라고 한다. 그래서 전반부에는 무엇을 만들고 소유함으로 자신을 확장하고자 한
다. 그러나 후반부에 이르면 에너지가 안으로 향하게 된다고 한다. 자신을 바라
보게 되고 '이게 정말 의미 있는 삶인가?' 하는 질문을 하게 된다. 전반부에 하
던 대로 무엇을 계획하고 성취하다 보면 내면 깊은 곳에서 이런 소리가 들려오
는 듯하다. "이게 다인가? 이게 전부일까? 또 달려가야 하나? 어디까지 올라가
야 하나?"

인생의 전반부가 외형의 집을 짓는 때라면 후반부는 내면의 집을 짓는 때
다. 즉 후반부는 존재의 집, 자아의 집, 영혼의 집을 짓는 때다. 전반부가 외부
의 소리에 다이얼을 맞추는 때라면 후반부는 내부의 소리에 귀 기울이고 하늘의
소리에 조율하는 때다. 후반부는 무언가 새로운 것을 시작하거나 소유를 확장
하는 때가 아니라 존재를 보살펴야 하는 때다. 행위로 망가진 존재를 치료하는
때다. 전반부가 성공과 성취를 추구하는 시기라면 후반부는 의미와 보람을 추

구하는 시기다. 전반부에는 좋고 필요한 것이 자신의 외부에 있다고 생각하지만 후반부에는 그것이 자신 안에 그리고 하늘에 있다는 것을 깨닫게 된다.

중년기는 삶의 소중한 것들이 하나둘씩 사라지기 시작하는 때다. 부모님은 돌아가시고, 자녀들은 각자 갈 길을 찾아 집을 떠나가고, 가까웠던 사람들과도 멀어진다. 꿈은 작아지거나 상실되고 건강도 예전 같지 않게 된다. 중년기는 떠나가는 사람들에게 잘 가라고 손 흔들어 주고 가슴으로 우는 때다. 중년기가 되면 삶의 끝이 보이기 시작한다. 다른 사람이 아닌 나 자신의 죽음을 생각하면서 내가 세상을 떠났을 때 남겨질 것들이 무엇이 있을까 생각하게 된다. 그래서 내가 죽은 후에도 남겨질 무언가를 위해 헌신하고 싶어한다. 유대인들에게는 죽기 전에 꼭 해야 할 세 가지가 있다고 한다. 그것은 자식을 낳아 키우는 것, 나무를 심고 가꾸는 것, 그리고 책을 쓰는 것이다. 이것은 자신은 비록 세상을 떠나지만 자신의 모습이 다른 형태로라도 세상에 남아 있기를 바라는 소원의 표현이다.

중년기는 신앙 여정에서도 중요한 때다. 중년기 이후는 존재와 영혼을 돌보며 하나님 앞에 설 때를 준비하는 때다. 이제까지는 소유와 행위를 위해 기도했다. 많이 갖게 해 달라고, 잘하게 해 달라고 기도했다. 그러나 중년기에 이르면 존재와 영혼을 위해 기도하고 허물과 죄 많은 영혼을 용서해 주시고 받아 달라고 기도하기 시작한다.

중년기는 고향을 찾아가는 때다. 젊은 시절에는 욕망과 야망을 실현하기 위해 부모와 집, 고향을 떠나지만 중년기 이후에는 존재가 머물 집을 찾아가고 영혼의 고향으로 돌아간다. 창세기 32장에 보면 젊은 시절에 고향을 떠나온 야곱이 고향으로 돌아가는 이야기가 나온다. 그는 타향에서 땀 흘리며 열심히 살았다. 고향의 형에게 지지 않으려고 열심히 재산을 모았다. 고향이 그립고 부모님이 보고 싶을 때는 더욱 바쁘게 일했다. 그는 결혼했고 많은 자녀들을 두었다. 남들이 부러워할 만큼의 재산도 모았다. 그는 꿈을 이뤘고 성공하고 출세했다. 어느 새 야곱은 중년기를 맞이했다. 인생의 반이 훌쩍 지난 어느 해 가을, 야곱은 고향이 어느 때보다 그리웠고 부모님이 보고 싶고 형이 궁금했다. 그는 인생의 가을을 고향에서 지내고 싶어졌다. 고향으로 돌아가기로 마음먹고 전 재산을 챙겨 식구들과 함께 고향으로 떠났다. 20여 년 전 빈손으로 고향을 떠났던 그는 이젠 수백 수천의 양떼와 소떼, 수백 명의 종들, 그리고 아내들과 열한 명의 자녀들을 데리고 고향으로 무리지어 돌아가고 있다. 그러나 야곱이 돌아가는 고향은 그가 떠나왔던 지리적인 장소만은 아니다. 야곱은 그의 존재와 영혼의 고향을 찾아 떠나고 있는 것이다. 드디어 야곱 일행이 얍복강가에 이르렀다. 이제 저 강만 건너면 20년 만에 돌아오는 고향인 것이다.

소유와 존재의 분리

　　야곱은 인생의 후반부를 고향에서 살기 위해 강을 건너려고 한다. 그런데 선뜻 발걸음이 옮겨지지 않는다. 빨리 강을 건너 고향으로 가려고 하는데 왠지 기쁘거나 신이 나지 않는다. 누군가가 자기를 가로막고 있는 것만 같다. 그렇게 그리워했고 가고 싶어했던 곳인데, 이제 저 강 만 건너면 되는데, 야곱은 강 건너기를 두려워하고 있다. 그는 그 순간 자신의 영혼이 떨고 있는 것을 보았다. 존재가 흔들리는 것을 느꼈다. 알 수 없는 불안과 두려움이 밀려왔다. 그는 도저히 이대로는 강을 건널 수가 없었다. 그래서 자신의 소유를 먼저 강 건너로 보냈다. 가축 떼와 종들, 아내들과 자녀들을 모두 강 건너로 보냈다. 이제 야곱만 강 이편에 홀로 남아 있다.

야곱은 얍복강가에서 처음으로 존재와 소유를 분리했다. 이제까지 그는 사람들이 당신은 누구냐고 물으면 양이 몇 마리, 소가 몇 마리, 종들이 몇 명이 있는 사람이라고 대답하곤 했다. 자신의 소유로 자신의 존재를 설명했다. 소유가 곧 존재였다. 그러나 소유와 존재를 분리시키고 강 이편에 홀로 남게 되었을 때, 비로소 처음으로 자신의 존재가 보이기 시작했다. 그는 처음으로 자신의 존재와 마주했다. 그의 존재가 강물에 비춰졌다. 그 순간 놀라지 않을 수가 없었다. 강물에 비쳐진 자기의 모습은 일그러진 모습이었다.

야곱은 세상의 기준으로 보면 성공한 사람이다. 그러나 성공의 상징인 모든 소유물을 강 저편으로 보낸 다음 자기의 모습을 보았을 때, 그의 모습은 축복받지 못한 모습이었다. 강물에 비쳐진 모습은 은총 없이 아등바등 사느라고 황폐된 모습, 상처 입은 모습이었다. 그것은 부모님과 고향을 떠나 힘들고 어려울 때 한마디의 위로도 받지 못하고 외롭게 살아온 모습이었다. 그는 자기의 존재가 얼마나 망가져 있는지 그리고 자기의 영혼이 얼마나 병들어 있는지 금방 알 수 있었다.

삶을 평가하는 척도에는 수평적 차원과 수직적 차원이 있다. 수평적 차원의 척도는 성공과 실패 혹은 행복과 불행이고, 수직적 차원의 척도는 축복과 저주다. 이 수평적 차원과 수직적 차원의 척도를 열십자(十)로 놓고 보면 삶을 네 가지 형태로 구분할 수 있다. 그것은 세상에서 성공하고 행복하고 동시에 하나님 앞에서 축복받은 삶, 세상에서는 성공하고 행복하지만 하나님 앞에서는 축복받지 못한 삶, 세상에서는 실패하고 불행한 것 같지만 하나님 앞에서 보면 축복받은 삶, 그리고 세상에서 실패하고 불행하고 하나님 앞에서 볼 때도 축복받지 못한 삶이다. 야곱의 삶은 세상에서는 성공했지만 하나님 앞에서는 축복받지 못한 삶과 같다.

하나님 앞에서 축복받지 못한 영혼이라고 생각되었을 때 야곱의 가슴은 저려 왔고 그의 눈에서는 굵은 눈물이 흘러내렸다. 그는 20여 년 전 고향을 떠나올 때 거친 벌판에서 자면서 하늘 영광을 보았다. 그 영광, 그 감동, 그 황홀함을 평생 가슴에 품고 살겠다고 결심했었다. 그러나 지금 그의 모습은 초라하기 그지없는 황폐한 모습이다. 그는 강가에 홀로 남아 울기 시작했다. 온몸을 떨며 한없이 울었다. 외로움, 슬픔, 아픔, 부끄러움, 죄송함, 그런 모든 것이 뒤범벅이 된 채로 울고 또 울었다. 야곱은 또한 자신의 영혼의 모습을 보았다. 아직도 성장하지 못한 모습, 상처 입은 모습, 외로운 모습이었다. 야곱은 그런 자신의 영혼이 울고 있는 것을 보았다.

야곱은 하나님께 축복해 달라고 간구하기 시작했다. 그렇게 많은 것을 얻었는데 또 무엇이 필요한 것일까? 야곱이 구한 복은 물질적이거나 눈에 보이는 것이 아니었다. 은총받은 존재, 축복 받은 존재가 되고 싶다는 간구였다. 하나님께 축복해 달라는 간구는 망가진 존재, 축복받지 못한 영혼에 은총을 내려 달라는 간구였다. 소유에 소유를 더해 달라는 간구가 아니었다. 축복은 존재와 관련된 것이지 소유와 관련된 것이 아니다. 야곱이 얍복강가에서 하나님께 간구한 축복은 무엇이었을까? 그것은 바로 용서, 용납, 치유, 인도였을 것이다. 이것은 존재에 필요한 네 가지 은총이다.

첫째, 야곱이 축복해 달라는 내용은 '용서'라고 볼 수 있다. 그는 먼저 용서받고 싶었다. 그는 하나님께 "잘못했습니다. 용서해 주세요"라고 간구했을 것이다. 그는 분명 성공한 사람이다. 성공 자체가 잘못은 아니다. 땀 흘려 일한 것에 대한 대가이며 칭찬받아 마땅하다. 그러나 그는 성공하고 출세하기 위해 수단과 방법을 가리지 않았다. 아버지를 속였고 형의 것을 빼앗았고 외삼촌의 가축들 중에서 가장 좋은 것들을 자기의 것으로 만들었다. 지금까지의 그의 삶은 욕망을 따라 살아온 삶이었다. 무엇보다도 그는 고향을 떠날 때 벧엘에서 하늘의 영광을 보고 하늘의 소리를 들었던 사람으로 살아오지 않았다. 그는 강가에 홀로 남아 뜨거운 눈물을 흘리면서 하나님께 용서를 구했다. 야곱은 자신의 잘 못된 행위에 대해 용서받고 싶었고 더 나아가 용서받은 존재가 되고 싶었다.

둘째, 야곱이 축복해 달라는 간구는 '용납'이라고 볼 수 있다. 용서는 행 위에 관계된 것이고 용납은 존재에 관계된 것이다. 잘못한 행동, 잘못 살아온 삶을 용서받는 것으로 충분하지 않다. 험난한 삶의 여정에서 야곱의 존재는 망 가졌고 영혼은 상처를 입었다. 망가진 존재는 있는 그대로 받아들여져야 치료 가 된다. 그는 20년 전 광야에서 아무것도 없던 그 시절에 만났던 벧엘의 하나 님을 보고 싶었다. 있는 그대로의 존재, 가난한 존재에 비춰 주시던 그 은총의 빛을 다시 받고 싶었다.

셋째, 야곱이 축복해 달라는 간구에는 '치유'가 포함되어 있다. 거친 삶 을 살다 보면 몸과 마음이 망가진다. 영혼도 상처를 입는다. 강물에 비친 자신 의 모습은 망가진 모습이었다. 지치고 황폐해진 모습이었다. 그의 몸과 마음, 그리고 영혼에는 흠뿐이었다. 그는 하나님께 온전케 해 달라고 간구하고 있다.

끝으로 야곱이 축복해 달라는 간구의 내용에는 '인도'가 포함되어 있다. 이제까지 그는 자기 마음대로 살아왔다. 그 결과는 망가진 영혼, 축복받지 못한 삶이었다. 그는 "하나님, 이제 당신이 나를 인도하소서"라고 간구한다. 이런 점 에서 '하나님과 겨루어 이기다'보다 "하나님이시여, 나를 다스리소서"가 그의 바 뀐 이름, 이스라엘이라는 말의 뜻에 더 가깝다.

하나님은 인간이 드리는 간구에 응답해 주신다. 특히 사람들이 자신의 존재를 위해 드리는 기도에 더욱 응답해 주신다. 하나님은 용서하시는 분이다. 한 영혼이 자신의 잘못을 뉘우치고 용서를 구할 때 하나님은 무조건 용서해 주신다. 하나님은 망가진 존재를 있는 그대로 용납해 주시는 분이다. 왜 이렇게 되었느냐고 꾸짖지 아니하시고 상처 입은 영혼을 어루만져 주면서 용납해 주신다. 하나님은 갈 길을 인도해 달라는 간구를 들어주시는 분이다. 하나님의 뜻대로 살려는 사람들의 길을 인도해 주신다. 용서와 용납을 통하여 상처 입은 영혼이 치유된다. 용서는 잘못된 행동을, 용납은 잘못된 존재를 치료해 준다. 치유받은 영혼은 하나님의 인도를 따라 살 수 있다.

용서받고 용납받고 치유받고 하나님의 인도해 주심에 대한 확신을 얻은 야곱은 다음 날 아침 찬란한 햇살을 받으며 강을 건넌다. 천사와의 씨름에서 입은 상처 때문에 절룩거리면서 강을 건너간다. 이제는 용서받은 자로, 용납받은 자로, 다시 인정받은 자로 축복받은 자가 되어 강을 건너간다. 영혼 없는 그의 얼굴이 이제 영혼이 깃든 모습으로 바뀌었다. 그는 삶의 거룩함을 다시 찾았다. 삶은 경쟁하고 투쟁하고 빼앗고 자기 것으로 만드는 것이 아니라 숭고하고 거룩하며 신비하다는 것을 깨달았다. 존재는 노력이 아니라 하늘 은총으로 빛난다는 것도 알게 되었다.

축복받은 야곱에게 삶은 다르게 보였다. 강물은 아름다웠고 떠오르는 태양은 신비로웠다. 강을 건너간 가족들이 많이 보고 싶고 자기를 도와주던 종들도 보고 싶었다. 소떼 양떼들도 보고 싶었다. 아직도 두려움은 남아 있지만 형도 보고 싶고 형에게 야단도 맞고 싶었다. 형을 만나면 어떻게 대할까 하는 걱정은 사라지고 달려들어 목을 껴안고 잘못했다고 용서를 빌고 싶었다. 그리고 무엇보다도 빨리 달려가 부모님 품에 안기고 싶었다.

20년 전 고향을 떠나올 때 거친 벌판에서 하나님을 만나고 그곳을 '벧엘'(하나님의 전)이라 불렀던 야곱은, 얍복강가에서 하나님을 다시 만나고 그곳을 '브니엘'(하나님의 얼굴)이라고 불렀다. 하나님의 얼굴을 본 야곱이 강을 건너 고향으로 돌아가고 있다. 이제 그에게 고향은 떠나왔던 곳이 아니라 영혼을 위한 고향이다. 그곳은 영원한 고향인 하늘나라를 향해 출발할 때까지 잠시 머무는 곳이 될 것이다.

중년기를 맞이한 사람들은 하나님의 얼굴을 다시 보아야 한다. 젊은 시절 타향으로 가다 거친 벌판에서 하룻밤을 지낼 때 찾아오셨던 하나님을 다시 만나야 한다. 중년기가 되어 영혼의 고향을 찾아가는 사람들은 강을 건너기 전에 하나님을 다시 만나야 한다. 그리고 하나님이 주시는 축복인 용서와 용납, 치유 그리고 인도를 받아야 한다. 이 축복을 받아야 영혼의 고향을 찾아갈 수 있다. 그렇지 않으면 인생의 전반부처럼 타향에서의 삶이 지속될 수밖에 없다. 그렇게 되면 몸은 쇠퇴하고 마음은 메마르고 영혼은 피폐해진 채 여전히 소유 형태의 삶만을 추구하게 될 것이다. 더 나이 들기 전에 축복받은 존재가 되어야 한다.

야곱과 씨름해 준 천사

야곱이 이스라엘로 거듭날 때 긴 밤을 함께 씨름해 준 천사가 있었다. 천
사와 야곱이 씨름했다기보다는 자기 자신과 씨름하는 야곱의 곁에 천사가 함께
있어 주었다고 볼 수 있다. 목회자의 이미지는 다양하다. 목회자의 가장 전통적
이미지는 '선한 목자'다. 목회자는 평상시에는 양들을 푸른 초장과 맑은 물가로
인도해 주고 양들이 곤경에 처할 때는 목숨을 걸고 보호해 주는 목자와 같다. 목
회자의 다른 이미지는 '선한 이웃'이다. 목회자는 강도 만난 사람을 구해 준 사
마리아 사람처럼 위험에 처한 교인들을 구해 준다. 목회자는 '상처 입은 치유자'
와 같다. 목회자도 한 인간으로 상처 입기 쉬운 존재다. 목회자도 외롭고 고독
하고 슬프고 때론 자신의 상처 때문에 고통받는다. 그럼에도 불구하고 목회자
는 자신의 상처와 고통을 바탕으로 상처 입은 교인들을 보살피고 치유한다. 때

론 목회자는 '부모'와도 같다. 부모의 적절한 돌봄을 받지 못해 건강한 자아가 형성되지 못한 사람들이 목회자의 좋은 돌봄을 통해 자아가 건강하게 재구성된다. 그래서 목회는 재양육 과정이기도 하다. 또한 목회자는 '산파'와 같다. 산파는 아기를 낳는 사람이 아니라 아기가 태어날 수 있도록 산모를 도와주는 사람이다. 목회자는 교인들의 영적 자아가 탄생할 수 있도록 도와주는 산파와 같은 존재다. 산파는 산모 옆에서 밤을 새워 가며 돌본다. 산모와 함께 진통하고 아기가 태어나면 산모와 함께 기뻐한다. 천사는 산파처럼 새로운 사람으로 거듭나기 위해 몸부림치는 야곱 곁에 있었다. 야곱이 울 때 어깨를 내주어 기대게 했고, 불안해하고 힘들어할 때는 안아 주었다.

한 영혼은 쉽게 새로워지지 않는다. 한 사람이 먼저 하나님 앞에 빈 존재로 서야 하고, 소유에 대한 욕망 못지않게 하나님의 은총에 대한 갈망이 있어야 하며, 거듭나기 위한 몸부림이 있어야 한다. 그와 동시에 곁에서 산파처럼 도와주는 사람이 있어야 한다. 함께 진통해 주는 사람이 필요하다. 삶의 전반부에서 후반부로 넘어갈 때, 소유 형태의 삶에서 존재 형태의 삶으로 전환할 때 한바탕 몸부림과 진통이 필요하다. 그러나 몸부림과 진통은 홀로 감당하기 어렵다. 야곱이 몸부림치고 진통할 때 천사가 곁에 있었다. 야곱은 천사를 붙잡고 몸부림쳤다. 엉엉 울었다. 야곱이 이스라엘로 새로 탄생하기 위해 진통하는 그 순간 천사가 그곳에 있었다. 저주받은 것처럼 보이는 자신을 보고 몸부림칠 때 천사가 그곳에 있었다. 하지만 천사는 야곱을 위로하지 않았다. 괜찮다고 말하지도 않았다. 실컷 울게 놔두었다. 자기 자신을 마음껏 욕하도록 내버려 두었다. 단지 그 순간에 거기에 그와 함께 있었을 뿐이다. 곁에 있어 준 천사 덕분에 야곱은 새로운 존재가 되었고 이스라엘이 되었다.

중년기에 이르면 야곱처럼 빈 존재로 하나님 앞에서 울어야 한다. "하나님, 이게 저의 모습입니다"라고 보여 드리고 아픈 가슴으로 울어야 한다. 그리고 야곱처럼 "용서해 주세요. 용납해 주세요. 치유해 주세요. 인도해 주세요"라고 간구해야 한다. 그 때 비로소 손을 잡아 주고 함께 울고 같이 씨름하고 있는 천사를 보게 될 것이다.

유대인의 아버지는 야곱의 이야기를 자녀들에게 들려주면서 성경에는 나오지 않는 다음과 같은 대화를 나눈다고 한다.

> "야곱과 씨름하고 축복해 준 천사가 길을 가다가 야곱에게로 되돌아왔단다. 그리고 야곱의 상처에 손을 댔단다."
> "왜요? 아, 야곱의 상처를 낫게 해 주려고요?"
> "아니란다."
> "그럼요?"
> "그 천사는 야곱의 상처에 손을 대고 이렇게 말하고 떠났단다."
> "뭐라고 말했나요?"
> "야곱아, 이 상처를 잊지 말고 꼭 기억하여라."

야곱은 얍복강가의 그 밤을 잊으면 안 된다. 그 아프고 슬펐던 밤, 감동과 은총의 밤을 잊어서는 안 된다. 저주받은 것 같은 자신의 모습을 발견하고 강가에서 뒹굴면서 엉엉 울었던 그 밤을 기억해야 한다.

야곱은 씨름에서 져 준 천사를 기억해야 한다. 야곱은 천사가 왜 져 주었을까를 잊어서는 안 된다. 한 아버지와 어린 아들이 가위바위보 게임을 하고 있다. 그런데 언제나 아버지가 진다. 세 살 난 아이는 이길 때마다 신나서 다시 하자고 조른다. 아버지는 번번이 진다. 아이는 그 때마다 "아빠는 바보, 왜 매번 가위만 내?" 하면서 좋아한다. 아버지는 왜 항상 가위만 냈을까? 아이는 날 때부터 손가락이 붙어 있었기 때문에 손가락을 펼 수가 없었다. 가위바위보 할 때마다 내미는 아이의 손은 언제나 주먹이었다. 그 때마다 아빠는 가위를 내서 져 주곤 했다. 아빠는 늘 이겼다고 좋아하는 아들을 보면서 "저 아이가 언젠가 자기 손가락이 붙어 있는 것을 알고는 가위바위보 게임을 하자는 말을 하지 않을 때가 오겠지" 하면서 굵은 눈물을 흘린다.

하나님은 야곱에게 언제나 가위를 내신다. 야곱이 바위만 내는 것을 알고 있었기 때문이다. 이제야 야곱은 하나님이 일부러 져 주신 것을 알았다. 그 동안 야곱은 자기가 기도를 열심히 해서, 노력을 많이 해서, 자기가 사랑받을 만한 존재가 되어서 하나님이 자기를 돌보아 주신다고 생각했다. 그러나 이제 야곱은 하나님은 자기가 바위만 내는 것을 아시고 언제나 가위를 내신다는 것을 알았다. 그래서 마음이 더욱 아프고 슬펐다. 눈물을 흘리며 절룩거리면서 강을 건넜다. 그의 인생의 후반부는 그렇게 시작되었다. 야곱은 강을 건너가 형과 화해하였고 부모님을 만났고 고향에서 자신의 존재와 영혼을 보살피며 살아갔다.

chapter 04

영혼의 고향으로 향하는 사람들

　이 시대의 야곱들이 강가에서 서성이고 있다. 그들도 오랫동안 영혼의 고향에서 멀리 떠나 있었다. 타향에서 먹고 살기 위해 정신없이 살아 왔다. 어느새 인생의 가을이 되었고 고향이 그리워졌다. 그들도 더 늦기 전에 영혼의 고향으로 돌아가기 위해 강 이편에 서 있다. 그들은 고향으로 돌아가기 전 강가를 거닐면서 자기 존재의 모습을 바라보고 영혼의 상태를 살핀다. 망가진 존재가 보이고 상처 입은 영혼이 아프게 느껴진다. 그 때 그들은 삶의 아픔과 힘듦이 망가진 존재에서 비롯된 것이고, 삶의 흔들림도 상처 입은 영혼에서 비롯된 것임을 알게 된다. 알 수 없는 슬픔도 결국 상처 입은 영혼에서 시작된 것이고, 삶의 지루함과 답답함도 생명의 근원에서 멀리 떨어져 있었기 때문임을 깨닫게 된다.

생의 후반부를 고향에서 지내려고 고향을 찾아가는 사람들이 교회를 찾아온다. 그들도 야곱처럼 교회에서 망가진 존재를 붙들고 통곡하고 피폐해진 영혼을 감싸 안고 아픈 눈물를 흘리고 싶어서다. 그들도 야곱처럼 하나님과 씨름하고 하나님의 얼굴을 보아야 고향으로 돌아갈 수 있을 것 같아서다. 그들도 야곱처럼 은총을 받고 축복받은 존재가 되고 싶어서 교회로 나아온다. 영혼의 고향을 찾아가는 길에 대한 안내를 받고 싶어서다. 그들도 용서, 용납, 치유, 그리고 인도의 은총을 받고 싶어서다.

교회는 용서와 용납의 집, 치유와 인도의 집이 되어야 한다. 목회자는 교회에 용서의 방, 용납의 방, 치유의 방, 그리고 인도의 방을 마련하고 찾아오는 사람들을 맞이해야 한다. 교회에서 하룻밤 머물면서 은총을 경험하고 하나님의 얼굴을 본 사람들은, 이튿날 아침 해맑은 얼굴로 영원한 고향을 향해 출발할 것이다. 따뜻하게 맞아 주고 씨름하는 동안 곁에 있어 준 목회자에게 손 흔들어 고마움을 표시하면서 먼 길을 향해 떠날 것이다.

가을에는 하루 종일, 가을 내내 "하나님, 나의 하나님"이라고만

불러도 된다. 걸어가면서, 차를 타고 가면서 혹은 조용히 눈을

감고 오직 "하나님, 나의 하나님"이라고만 불러도 된다. 아기가

옹알이하듯이 "하나님, 감사해요. 고마워요"라고만 말하면 된

다. 가을에 드리는 기도는 많은 내용을 담은 기도가 아니라 아

기가 엄마를 부르듯이 하나님을 부르는 기도다. 영원자를 찾는

기도다. 우리를 존재하게 하신 그분을 부르는 기도다.

10

가을 나무, 가을 목회자

chapter 01

빼앗긴 홀로 있는 시간

목회자는 가을에도 여전히 바쁘다. 일 년 동안 이룬 성과에 대하여 평가하고, 인도해 주신 하나님의 은혜에 감사를 드리고, 교인들과 한 해의 기쁨을 충분히 나누기도 전에 새해를 기획해야 한다. 목회자들이 가장 바쁜 사람들인 것 같다. 홀로 있는 시간이 거의 없다. 혼자 있는 시간에도 홀로 있는 것이 아니라 무엇인가를 생각하고 있고 누군가와 연락한다. 목회자에게는 고독할 시간조차도 없는 것 같다. 폴란드 출신의 사회학자 바우만Zygmunt Bauman은 그의 『고독을 잃어버린 시간』(조은평·강지은 옮김, 동녘, 2012)에서 현대인은 고독하고 외로워할 시간조차 잃어버렸고, 그 결과 새로움이 만들어지지 않는다고 비판한다.

결국 외로움으로부터 멀리 도망쳐 나가는 바로 그 길 위에서 당신은 고독을 누릴 수 있는 기회를 놓쳐버린다. 놓친 그 고독은 바로 사람들로 하여금 '생각을 집중하게 해서' 신중하게 하고 반성하게 하며 창조할 수 있게 하고 더 나아가 최종적으로 인간끼리의 의사소통에 의미와 기반을 마련할 수 있는 숭고한 조건이기도 하다. 하지만 그럼에도 당신이 그런 고독의 맛을 결코 음미해 본 적이 없다면 그 때 당신은 당신이 무엇을 박탈당했고 무엇을 놓쳤으며 무엇을 잃었는지조차도 알 수 없을 것이다.(32쪽)

바쁜 현대인에게 홀로 있음, 외로움, 고독, 슬픔, 멍해짐, 무료함의 공간이 사라졌다. 그 공간은 진실, 상상력, 치유, 환상, 창조, 여유의 공간인데 그런 공간들이 사라졌다. 바쁨은 자신 안에 타인과 하나님을 위한 공간도 사라지게 한다. 그 결과 타인을 포용하지 못할 뿐만 아니라 함부로 대하게 된다. 하나님의 은총이 머물 수 있는 공간이 없기 때문에 삶이 메마르다.

재독 철학자 현병철은 『피로사회』(김태환 옮김, 문학과 지성사, 2012)라는 책에서 현대사회는 성과사회成果社會이며 현대인은 성과를 추구하다가 피로에 빠졌다고 보고 있다. 성과사회는 규율사회와 다르다. 규율사회가 '해서는 안 된다' 혹은 '해야 한다'는 부정성과 강제성의 사회라면, 성과사회는 '할 수 있다'는 긍정성의 사회다. 규율사회에 적응하지 못하는 사람은 병원, 감옥 혹은 정신병자 수용소의 신세를 져야 한다. 성과사회는 무엇이든지 가능하다는 긍정성의 과잉을 낳았다. 그것을 추구하다 낙오된 사람들이 걸리는 병이 우울증이라는 것이다. 즉 무엇이든지 가능하다고 믿는 성과사회에서 낙오한 사람들은 자신은 아무것도 가능하지 않다는 생각에 사로잡혀 우울해진다는 것이다. 규율사회에서는 타자가 규제하지만 성과사회에서는 자신이 바로 추구자이기 때문에 자신 말고는 아무도 자기를 통제하지 못한다. 그래서 현대인은 자신이 가해자인 동시에 피해자가 된다는 것이다. 현병철은 피로사회에서 벗어나기 위한 무위의 삶,

안식일의 삶의 중요성을 강조한다. 이런 삶을 통해 폭력성이 완화되고 분노가 가라앉고 불친절한 말과 행동이 부드러워진다고 한다.

교회에는 규율사회와 성과사회의 모습이 공존한다. 교회는 '해야 한다'와 '해서는 안 된다'를 강조하면서 동시에 '할 수 있다'를 강조한다. 교회에는 규범과 규제가 많다. 하라는 것도 많고 하지 말라는 것도 많다. 또한 교회에는 성과사회의 모습도 있다. 긍정의 힘이나 적극적 사고방식이 마치 신앙인의 모습처럼 강조된다. 교인들 중에는 규율과 성과의 강조를 따라가는 사람도 있지만 그렇지 못하는 사람도 많다. 규율을 따라가지 못한 교인은 죄책감에 사로잡혀 자신을 나쁜 존재로 보고, 성과를 따라가지 못한 교인은 무능력감에 빠져 자신을 무가치한 존재로 본다. 이것은 목회자에게도 마찬가지다. 목회자도 성과사회의 가해자인 동시에 피해자다. 믿는 자에게는 능치 못할 일이 없다고 선포하고 자신도 그것을 추구하다가 탈진하고 만다.

chapter 02

나무들의 영혼

바람이 많이 불던 어느 해 가을날 오후, 낙엽들이 춤을 추며 하늘로 날아가다 땅에 떨어져 뒹굴고 있었다. 나는 산에 오르면서 자주 이야기를 나누는 한 나무에게 물었다. "괜찮아?" 나무는 웃긴다는 듯이 대답했다. "어떻게 괜찮을 수 있어? 녀석들이 저렇게 바람에 실려 어디론가 날아가 버리는데 어떻게 괜찮아?" 나무는 계속 이야기했다. "이제 그 녀석들에게 더 이상 해 줄 것이 없었는데 그나마 다행이야. 진액도 말라버렸고 나에게 더 머물러 있어 봤자 춥기만 했을 텐데, 잘 됐어. 그런데 해마다 꼭 한두 녀석이 마음을 너무 아프게 해." 나무는 해마다 한두 녀석은 끝까지 남아 있으려고 한다고 말했다. 그 녀석들은 아무리 바람이 세게 불어도 엄마 나무를 절대로 떠나지 않으려고 꼭 매달려 있다는 것이다. 어느 해는 첫눈이 올 때까지 매달려 있었다고 한다. 무서워서 안 떠나는 건지 아니면 엄마 나무를 생각해 주느라고 안 떠나는 건지 아무리 찬바람이 불어도 매달려 있는 녀석들이 꼭 한둘 있다고 했다. 사실 엄마 나무도 긴 겨울 동안 한 녀석이라도 함께 있어 주었으면 하는 마음도 있다고 했다. 나무는 내가 말을 걸어 주길 기다렸다는 듯이 계속 이야기했다.

나무는 비 오고 바람 많이 부는 날, 남았던 녀석들마저 모두 땅에 떨어지게 되는 날에는 눈이 퉁퉁 붓도록 운다고 했다. 처음에는 남들이 듣지 못하게 울다가 천둥 치며 큰 비 오는 밤에는 목이 터져라 몇 날 며칠을 슬피 운다고 했다. 그래야 추운 겨울을 견뎌 낼 수 있다고 했다. 그렇게 울지 않은 해에는 겨울을 나기가 무척 힘들다고 했다. 나무에게 물었다. "녀석들을 다 보낸 다음에는 어떻게 지내?" 나무가 말했다. "하늘을 볼 거야. 녀석들이 있을 때는 그들에게 가려서 하늘을 볼 수 없는데 이젠 하늘을 볼 거야. 이젠 맨몸이 되었으니 하늘이 보여." 나무에게 또 물었다. "그러면 춥고 긴 겨울 동안 무얼 할 건데?" 나무는 나의 질문이 답답하다는 표정으로 말했다. "이제부턴 무얼 하는 것이 아니라 가만히 있는 거야. 비가 오면 비를 맞고, 바람에 따라 흔들리고, 눈이 지나가다 멈춰 주면 눈 나무가 되고, 아침에는 햇살을 받고, 밤에는 별들의 속삭임을 들어. 봄 여름 가을을 지낸 존재들은 가만히 있는 기간이 필요해. 홀로 있는 계절이 있어야 해. 그래야 새봄에 내 몸에서 새 존재들이 태어나."

이번에는 나무가 나에게 물었다. "이렇게 홀로 지내고 나면 영혼이 얼마나 맑아지고 가벼워지는지 아니?" 나는 나무에게 물었다. "나무들도 영혼이 있어?" 나무는 어이없다는 듯이 대답했다. "사람들은 자기들만 영혼이 있는 줄로 착각해. 모든 만물은 다 영혼이 있는데 왜 사람들은 그것을 모르지? 새, 나무, 돌, 산, 바다도 영혼이 있어. 그래서 내가 지금 너와 이야기하고 있는 거야." 나무는 "영혼이 있는 존재는 하늘을 보면서 살아야 하는데"라며 혼잣말을 했다. 나에게 말하는 것 같았다. 나무가 한 말을 나도 중얼거려 보았다 "영혼이 있는 존재는 하늘을 보면서 살아야 하는데." 돌아가려고 뒤돌아서는 나에게 나무가 물었다. "너는 지금 슬프니?" 나는 조금은 그렇다고 했다. 나무는 그러면 됐다고 말했다. "그 슬픔이 너를 구원으로 인도해 줄 거야. 그 슬픔이 너를 지켜 줄 거야. 그 슬픔이 사라질 때 너는 그만큼 구원에서 멀리 있는 거야. 그리고 혹시 슬픔이 없을 때나 슬픔을 갖고 싶을 때는 우리 가을 나무들을 봐. 가지의 끝이 가리키는 하늘을 보면 조금 슬퍼질 거야."

나는 그 나무를 뒤로 하고 걸으며 하늘을 보았다. 맑은 가을 하늘이 슬프게 느껴졌다. 하나님도 슬프실 것 같다는 생각이 들었다. 예수님 말씀처럼 하늘나라는 가난한 영혼들, 슬픈 영혼들이 모여 사는 곳일 거라는 생각이 들었다.

가을은 우는 때

"전에는 잔뜩 쌓인 일거리들 때문에 신나고 즐거웠으나 지금은 무겁게 느껴집니다. 기도가 고역입니다. 끝없이 걸려오는 전화 때문에 짜증이 납니다. 교인들이 칭찬해 줘도 그리 기쁘지 않습니다. 어느 가정을 심방하러 갔는데 차에서 내리니 딴 곳에 와 있었던 때도 있었습니다. 내가 왜 이러나 생각하니 마구 눈물이 나더라고요."

탈진한 목회자의 전형적인 모습이다. 쉼이 필요하다. 그렇게 살아온 모습과 잃은 것들에 대하여 애도가 필요하고 기도가 필요하다. 다음은 정용철 시인의 〈지금은 쉴 때입니다〉라는 제목의 시다.

아름다운 음악을 들으면서도
소리만 들릴 뿐 마음에 감동이 흐르지 않는다면
지금은 쉴 때입니다.

방글방글 웃고 있는 아기를 보고도
마음이 밝아지지 않는다면
지금은 쉴 때입니다.

식구들 얼굴을 마주보고도
살짝 웃어 주지 못한다면
지금은 쉴 때입니다.

아침에 눈을 떴을 때 창문을 비추는
아침 햇살이 눈부시게 느껴지지 않는다면
지금은 쉴 때입니다.

오랜만에 걸려온 친구의 전화를 받고
"바쁘다"는 말만 하고 끊었다면
지금은 쉴 때입니다.

사랑하는 사람과 헤어진 뒤
멀어지는 뒷모습을 보기 위해
한 번 더 뒤돌아보지 않는다면
지금은 쉴 때입니다.

이 시에서 '지금은 쉴 때입니다' 대신 '지금은 울 때입니다' 혹은 '지금은 기도할 때입니다'라고 바꾸어 보자. 가을은 우는 때다. 가을은 기도하는 때다.

가을은 슬픈 계절, 슬퍼하는 계절이다. 살다 보면 슬픈 일을 당하게 된다. 때론 이유 없이 슬퍼지고 우울해질 때도 있다. 억울하고 분해서 혹은 자신이 못났다는 생각 때문에 슬플 수도 있다. 사랑하는 사람과 이별할 때 아프고 슬프다. 신앙인들은 하나님 앞에서 부끄러운 자신의 존재 때문에 슬플 수 있다. 슬픔은 슬픈 자신과 대면하라는 메시지다. 즉, 그것은 "슬픈 네 영혼과 마주하라. 슬픈 네 영혼의 소리를 들어라. 웃음과 욕망에 가려 진 네 영혼의 슬픔에 귀 기울여라"는 메시지다.

슬픔은 우리를 이 시대의 슬픈 사람들이 있는 곳으로 안내해 준다. 슬픔은 아프리카 오지의 아이들, 가난한 나라의 아이들과 연결시켜 준다. 그곳의 소녀들이 눈물 흘리며 말한다. "우리들이 여기 있다는 것을 기억해 주세요. 찾아와 주지 않아도 괜찮아요. 그러나 우리들이 같은 시대에 지구의 다른 한 쪽에서 살고 있다는 것만 기억해 주셔도 좋아요." 전쟁터에 끌려간 소년병들이 말한다. "오늘도 우리들은 어른들의 전쟁에 동원되어 누군가에게 총을 겨누고 있어요. 기억해 주세요."

슬픔은 우리를 이 시대의 슬픈 역사로 안내해 준다. 슬픔은 암울한 시대, 슬픈 시대, 여전히 죽임의 역사가 이어지고 그로 인해 생명들이 시들어가는 슬픔의 역사 속으로 우리를 인도해 준다. 그 슬픔의 역사의 한복판에 서게 해 준다.

또한 그 슬픔은 우리를 슬픈 하나님과 만나게 해 준다. 우리 가운데 슬픔이 있다는 것은 하나님이 우리 가운데 찾아오셨다는 증거다. 온 우주를 만드신 하나님은 어떤 분이신가? 하나님은 하나의 큰 슬픔이시다. 슬픔이 있으면 슬픈 하나님이 우리를 찾아와 주셨다고 생각할 수 있다.

기도는 슬픈 하나님을 만나는 순간이다. 기도는 외로운 하나님이 계신 곳으로 가는 길이다. 기도는 이 시대의 슬프고 외로운 사람들과 소통하는 시간이다. 기도는 내 안에 찾아오신 슬픈 예수님을 만나는 시간이다. 기도는 이 시대의 슬픔을 방관하고 살아감을 회개하는 시간이다. 우리에게 슬픔이 없으면 구원에서 아주 멀리 떠나 있다는 의미다. 우리의 영혼이 혼탁해 있다는 표시다. 우리의 영혼이 메말라 있다는 증거다. 우리 영혼은 슬픔을 먹고 자란다. 우리 영혼이 이 시대의 슬픔과 연대감을 이루게 되면 더욱 튼튼하게 성장한다. 영혼은 슬픔의 텃밭에서 자란다. 그러면 슬픔은 거룩한 슬픔이 된다.

슬픔과 외로움 때문에 너무 힘들면 바울처럼 슬픔을 없애 달라고 세 번 기도해 보자. 그래도 슬픔과 외로움이 사라지지 않으면 이렇게 생각하자. "슬픈 하나님이 나에게 머물고 싶으신가 보다. 외로운 하나님이 나와 함께 계시고 싶은가 보다. 저 먼 나라에 있는 이름도 모르는 사람들이 슬픈 상황에 있다고 우리에게 호소하고 있는가 보다." 그런 다음에 슬픈 하나님과 실컷 울고 외로운 하나님과 함께 외로워하고 슬픈 사람들을 위해 기도하자. 그러면 그 슬픔과 외로움이 우리를 구원으로 인도해 주고 어떻게 살아갈지를 일러 줄 것이다.

신앙인들이 슬픔을 상실했다. 슬픈 사람들 그리고 약자들과 더 이상 소통하지 않고 있다. 그들 가운데 계시는 슬픈 하나님을 만나지 않고 있다. 이 시대의 슬픈 사람들과의 만남이 없다. 신앙이 좋아진다는 것은 성공과 축복의 하나님과 만나는 것이 아니라 슬픈 하나님과 더욱 깊게 만나는 것을 의미한다. 신앙은 이 시대의 슬픔과 절망에 적극 소통할 수 있는 능력이 되어야 한다.

chapter 04

가을에 드리는 기도,
옹알이 기도

잎들이 다 떨어진 나무의 모습은 기도드리는 모습처럼 보인다. 하늘을 향해 두 팔 벌려 기도하는 모습과도 같다. 나무는 잎들과 열매들이 다 떨어지고 난 후 벌거벗은 몸이 되었을 때 진정으로 기도드린다. 빈 존재가 되어 기도드린다. 여름에는 행위를 위해 기도드리고, 가을에는 존재를 위해 기도드린다. 여름 나무들은 아름다운 꽃, 푸른 잎, 풍성한 열매를 위해 기도드리고, 가을 나무들은 나무라고 하는 자신의 존재 자체를 위해 기도드릴 것이다. 가을 나무들은 어떤 기도를 드릴까? 아마도 하루 종일 "하나님, 감사합니다"라고 기도드릴 것이다.

아기는 생후 2~3개월이 되면 옹알이를 시작한다. 아무도 알아들을 수 없는 소리다. 그러나 그 소리는 아기가 처음 내는 소리다. 그것은 엄마에게 그리고 세상에 자신의 존재를 알리는 소리다. 아기들은 옹알이하면서 무슨 말을 하고 싶은 것일까? 아마도 자기를 낳아 준 엄마에게 "엄마, 나야. 엄마, 고마워요. 감사해요"라고 말하고 싶을 것이다. 가을에 드리는 기도는 옹알이 기도다. 자신의 존재를 알리며 자신을 존재하게 하신 하나님께 드리는 옹알이 기도다. 방언은 아기가 엄마에게 옹알이하듯이 하나님께 옹알이하는 것이 아닐까? 아기의 옹알이가 알 수 없는 소리지만 엄마를 향해 온몸으로 내는 소리라면, 방언은 아마도 "하나님, 감사해요 고마워요"라고 하나님을 향해 온몸으로 내는 소리가 아닐까?

어느 정신 장애를 가진 딸아이에게 엄마가 주기도문을 외우게 하려고 여러 번 따라 하게 했다. "하늘에 계신 우리 아버지, 이름이 거룩히 여김을 받으시오며, 나라가 임하옵시며…" 엄마는 날마다 따라 외우게 했다. 그러나 딸은 따라 외우지 못했다. 엄마는 포기할 수밖에 없었다. 주기도문조차 외울 수 없는 딸을 보는 엄마의 마음은 너무 아팠다. 그러던 어느 날 딸의 방 안에서 무슨 소리가 들려 조용히 다가갔다. 딸이 뭐라고 반복해서 중얼거리는 소리가 들렸다. 자세히 들어보니 "하늘에 계신 우리 아버지, 하늘에 계신 우리 아버지" 하는 것이었다. 깜짝 놀란 엄마가 계속 들어보니 딸은 여러 번 반복해서 "하늘에 계신 우리 아버지"라고만 말했다. 엄마의 눈에 눈물이 맺혔다. 엄마는 속으로 "그래 맞아. 하나님만 부르면 되지 더 이상 무슨 간구가 필요하랴? 우리 하나님께서 우리 딸의 마음을 알아주실 거야" 하면서 감사드렸다.

가을에는 하루 종일, 가을 내내 "하나님, 나의 하나님"이라고만 불러도 된다. 걸어가면서, 차를 타고 가면서 혹은 조용히 눈을 감고 오직 "하나님, 나의 하나님"이라고만 불러도 된다. 아기가 옹알이하듯이 "하나님, 감사해요. 고마워요"라고만 말하면 된다. 가을에 드리는 기도는 많은 내용을 담은 기도가 아니라 아기가 엄마를 부르듯이 하나님을 부르는 기도다. 영원자를 찾는 기도다. 우리를 존재하게 하신 그분을 부르는 기도다.

 이 가을에 하나님이 다가오셔서 소원을 말하라면 무엇을 말할까? 능력 있는 목사가 되는 것인가? 설교 잘하는 목사가 되는 것인가? 교회가 부흥하는 것인가? 크래독Fred B. Craddock은 미국 에모리대학교 신학부의 설교학 교수였으며 미국에서 가장 설교를 잘하는 사람 중에 한 사람으로 알려진 사람이다. 그가 은 퇴 후에 이런 말을 했다. "청소년 시절의 나의 꿈은 설교자가 되는 것이었다. 이 십 대 후반의 나의 꿈은 좋은 설교자가 되는 것이었다. 그러나 이렇게 나이가 든 지금, 나의 한 가지 소원은 오로지 크리스천이 되는 것이다." 그는 아무런 수식 어를 붙이지 않은 채로 '크리스천'이 되고 싶다고 말했다. 헌신적이고 충성스런 크리스천이 되고 싶다고 말하지 않았다. 단지 크리스천이 되고 싶다고만 했다. 그런 다음에 그는 "단순하게 살고, 따뜻하게 사랑하고, 진실하게 말하고, 성실 하게 봉사하고, 모든 것을 하나님께 맡기고 싶다"고 소원했다. 가을은 좋은 목 회자가 되어 훌륭한 목회를 하게 해 달라는 기도가 아니라 단지 '크리스천'이 되 게 해 달라는 기도를 드리는 계절이다. 가을은 아무런 수식어를 붙이지 않고 '목 회자'가 되게 해 달라는 기도를 드리는 계절이다. 가을은 하루 종일 "하나님, 저 예요"라고만 기도드리는 계절이다.

하나님은 그리움의 대상이지 욕망의 대상이 아니다. 왜 신앙인

의 삶이 풍성해지지 않는가? 예수님이 그리움의 대상이 아니라

욕망의 대상으로 변질되었기 때문이다. 성령을 그리워하지 않

고 성령의 능력만을 소유하려고 하기 때문이다. 목회는 삶에 지

친 사람들이 하나님을 그리워할 수 있도록 도와주는 것이다. 목

회는 그리운 예수님이 계신 곳을 향해 교인들과 함께 걸어가는

것이다. 목회는 땅의 사람들이 하늘나라를 그리워하고 바라볼

수 있도록 인도해 주는 참으로 아름다운 일이다.

11

그리운 하나님, 그리운 교회

chapter 01

그리운 우리 교회

"저는 교회하면 떠오르는 단어가 그리움입니다." 고인이 된 어느 교우의 말이다. 그분은 연로하셨음에도 불구하고 한 시간 이상 지하철을 타고 교회에 나왔다. 젊은 시절부터 한 교회에 다니면서 거기서 아내를 만났고 자녀들도 성장했다. 주일 예배 후에 오랜 세월 함께 신앙생활을 해 온 여남은 명의 교인들과 칼국수 먹는 것이 즐거움이라고 했다. 그분은 주일이 다가오면 마음이 설렌다고 했다. 어떤 옷을 입을까 고르고 또 고르고, 넥타이나 셔츠를 선물받으면 주중에 사용하지 않고 주일에 처음으로 사용한다고 했다. 주일예배를 드리면 평화로워지고 머지않아 가게 될 하늘나라에 대한 그리움이 생긴다고 했다. 월남한 그 교우는 늘 고향을 그리워했다. 돌아가시기 전에 꼭 한 번 가 보고 싶어했지만 그렇게 하지 못했다. 죽음은 영원한 고향으로 돌아가는 것이라고 말하던 그분은 어느 날 가족들도 모르게 고요히 하늘나라로 가셨다. 가족들은 주무시는 줄 알았다고 했다. 그리운 교회를 떠나 영원한 고향인 하늘나라로 간 것이다. 그분은 거기서 평생 동안 사모하고 그리워하던 주님을 만났을 것이다. 자기보다 먼저 하늘나라에 가 있는 아내도 만났을 것이다.

교인들이 어느 한 권사님의 팔순잔치를 해 드렸다. 권사님은 인사말에서 교회는 어머니와 같다고 말했다. 권사님은 어릴 적부터 어머니의 손을 잡고 교회에 다녔다. 학교에 갔다 오면 교회 마당에서 놀았다. 목사님의 딸과 친구였기에 목사관에서도 자주 놀았다. 그 때 목사님과 사모님이 귀여워해 주신 경험은 평생 동안 가슴에 따뜻함으로 남아 있다고 말했다. 권사님의 어머니는 교회를 자기 집처럼 사랑하고 섬겼다. 안타깝게도 그 어머니는 권사님이 고등학교 1학년 때 암으로 돌아가셨다. 권사님은 교회하면 어머니가 생각나고 교회에 가면 어머니를 만나는 것 같았다고 했다. 결혼할 때 가장 슬펐던 것은 고향 교회를 떠나는 것이었다고 한다. 마치 어머니를 두고 떠나는 것 같았기 때문이었다. 결혼 후 지금의 교회에 다니기 시작한 권사님은 처음엔 낯설었지만 열심히 출석하고 봉사했다. 그녀의 어머니처럼 교회의 궂은일을 도맡아 했다. 권사님은 교회에서 어머니의 역할을 했다. 교인들을 따뜻하게 대해 주었고 특별히 고생하는 교인들을 잘 보살폈다. 교인들은 권사님을 교회의 어머니로 존경하고 사랑했다. 그 권사님에게 교회는 어머니 같은 곳이었다.

어느 부흥회에서 강사가 자기 교회의 성가대원이었던 한 집사에 대한 이야기를 했다. 암으로 입원 중이었던 집사는 목사님에게 죽기 전에 단 한 번이라도 교회에서 예배드리고 싶다고 하면서 퇴원하겠다고 했다. 퇴원하기 위해 침상을 정리하는데 베개 옆에서 코팅된 종이 서너 장이 바닥으로 떨어졌다. 도와주던 간호사는 "목사님, 저는 원래 신자가 아니었는데 집사님을 간호하면서 신앙을 갖기 시작했어요"라고 하면서 그동안 있었던 이야기를 들려주었다. 어느 날 그 집사가 교회 사무실에 전화해서 교인들의 명단을 보내 달라고 부탁했다고 한다. 명단을 받은 집사는 하루 종일 교인들의 이름 하나하나를 손가락으로 짚으면서 기도하기 시작했다는 것이다. 금방 종이가 헤졌다. 그 집사는 다시 교회에 부탁하면서 이번에는 코팅해 달라고 했고, 코팅한 종이도 낡아질 정도로 기도했다는 것이다. 그 집사는 교인들이 가족과 같은 사람들이라고 말했다고 했다. 그 모습에 감동한 간호사는 자기도 신앙을 갖기 시작했다고 했다. 그날 그 집사는 퇴원했다. 성가대원들은 예쁜 한복을 그녀에게 선물해 주었다. 그 한복을 입고 주일예배에 참석한 그녀는 설교 전에 특송을 했다. 부축받은 채로 서서 찬송가 '내 주를 가까이 하게 함은'을 부르기 시작했다. 처음에는 들릴 듯 말 듯한 목소리로 천천히 찬양했다. 4절까지 다 부른 그녀는 3절을 다시 부르기 시작했다. 그 때 목소리가 많이 살아났다. "천성에 가는 길 험하여도 생명길 되나니 은혜로다 천사 날 부르니 늘 찬송하면서 주께 더 나가기 원합니다." 3절을 거의 다 마칠 때 몸이 비틀했다. 목사님이 잡아 주었고 그녀는 목사님의 품에서 숨을 거두었다. 그날 목사님은 그 집사를 강단에 눕히고 설교 대신 교인들과 함께 그 찬송가를 수십 번 부르고 또 불렀다. 교회는 울음바다가 되었다. 교회 뒷자리에 앉아 있던 그녀의 남편은 바닥에 뒹굴면서 통곡했다. 그 남편은 평소에 마지못해 교회 나오곤 했었다. 장례를 치른 다음주일 그 남편이 성가대 가운을 입고 성가대석에 앉았다. 아내의 자리를 대신하려는 것이었다. 그녀는 가족과 같은 교인들을 떠나 먼저 하늘나라로 갔다. 그곳에서 그녀는 뒤에 올 교인 가족들을 기다리고 있을 것이다.

교회는 그리운 고향과 같고 어머니와 같다. 교회에는 따뜻한 추억이 있고 어머니의 품과 같은 포근함이 있다. 교회에는 신앙 여정에 동행하는 교인들이 있고 그 여정을 안내해 주는 목회자가 있다. 신앙 여정의 동행자들과 안내자가 함께 만든 감동과 감격은 가슴에 따뜻함으로 남게 된다. 그 따뜻함은 거친 인생길에서 힘든 일을 만났을 때 견뎌 낼 수 있는 힘이 된다.

세계에서 제일 큰 교회들이 우리나라에 거의 다 있다고 한다. 그러나 규모와 상관없이 우리가 다니고 있는 교회가 세계에서 제일 좋은 교회인 것은 분명하다. 우리 교회는 가족이 대를 물리며 신앙생활을 해 왔고, 믿음의 흔적들이 남아 있고, 삶의 이야기가 만들어진 곳이다. 그래서 우리 교회가 세계에서 제일 좋은 교회인 것이다. 어릴 적 시골에서 자랄 때에 학교에서 돌아오면 교회로 가곤 했다. 약속이 없어도 교회에 가면 아이들이 있었다. 해가 질 때까지 교회 마당에서 놀았다. 눈이 내리는 날에는 집에서 교회까지 가는 길을 먼저 치웠다. 맥추감사절에는 보리를, 추수감사절에는 벼나 쌀을 노란 봉투에 정성스럽게 담아 강단 위에 올려놓고 예배드렸다. 어린 마음에 대단한 신앙심을 표현한 것 같아 스스로 흐뭇해하곤 했다. 아동부 선생님들은 초등학교나 나올 정도의 학력을 가지신 분들이었다. 그분들이 들려준 예수님에 대한 이야기는 예수님에 대한 이미지, 감정, 믿음의 형태의 기초가 되었다. 그 때 교회에서 얻은 경험들이 신앙의 토대가 된 것이다.

　　나이 들어 몇십 년 만에 고향을 찾았다. 고등학교 때 떠난 고향이 어떻게 변했는지 궁금했다. 그런데 고향 입구에 들어서는 순간부터 당혹스러워지기 시작했다. 기억 속의 고향과 너무 달랐기 때문이다. 그렇다고 크게 달라진 것도 아니었다. 하지만 그렇게 넓었던 평야가 아주 작아 보였다. 우리 마을이 이렇게 작았던가? 갑자기 마음속의 고향이 무너지는 것 같아 서둘러 고향 마을을 빠져나오기 시작했다. 그러다가 마을 어귀에 있는 교회에 들렀다. 그 교회는 부모님이 개척하신 교회고, 중학생 시절에 교회를 건축할 때 벽돌을 날랐던 교회였다. 교회 문을 열고 들어갔다. 놀랍게도 변한 것이 없었다. 그 때 그 모습 그대로였다. 아직도 의자가 없는 마루로 된 바닥이었다. 무릎 꿇고 기도하는 동안 눈물이 핑 돌았다. 잠시 기도하고 나오면서 고향은 기억 속의 고향과 전혀 다르지만 영혼의 집은 그대로 있어서 참 감사했다. 그로부터 몇 년이 지난 후에 교회가 신축되었다는 소식을 들었지만 방문하지 않았다. 기억 속의 교회, 영혼의 집을 망가뜨리고 싶지 않아서였다. 지금도 그 교회가 그립고 그 교회에서 지냈던 시절이 많이 그립다.

교회에는 '우리 목사님'이 계신다. 우리 목사님은 나와 우리 가정의 가장 중요한 순간에 늘 계셨다. 목사님은 어머님의 장례식을 집례하셨고, 우리의 결혼식을 주례해 주셨고, 우리 아이들에게 세례를 주셨다. 나와 우리 가정의 의미있고 중요한 이야기를 할 때마다 우리 목사님과 관계된 이야기가 있다. 좋은 일 생기면 진심으로 누가 먼저 축하해 주고, 힘들고 어려운 일 생기면 누가 진심으로 걱정해 주는가? "저의 40대 후반은 정말 힘들었습니다. 다니던 직장에서 쫓겨나다시피 나와 방황하고 좌절하고 새로운 일을 시작하기까지 우리 목사님이 안 계셨더라면 저는 이미 이 세상 사람이 아니었을 것입니다." 이것은 50대 중반의 어느 남자 집사의 간증이다. 그는 너무 억울하고 분해서 처음에는 매일 술로 지내다가 굳게 결심하고 새벽기도에 나가기 시작했다. 어떤 때는 엉엉 울고 어떤 때는 분노로 1분도 기도하지 못하던 때도 있었다고 했다. 어느 날 목사님이 그가 기도를 마칠 때까지 기다렸다가 이야기를 나누었다. 그날 이후로 목사님은 기도할 때마다 그를 기억해 주고 가끔 아침 식사를 같이 하기도 했으며 심방도 오셨다. 그 집사님에게 목사님은 '나의 목회자, 우리 목사님'이시다. 우리 목사님이 제일 좋은 목사님이다.

신앙의 핵심은 책이나 교육이 아니라 중요한 사람들을 통해 전달된다. 할머니가 핍박받으면서 예수님을 믿게 된 이야기, 기도하는 부모님의 모습, 교회학교 선생님들의 구수한 성경 이야기, 목사님의 따뜻한 환영 등이 신앙의 핵심을 이룬다는 것이다. 어릴 적부터 다닌 교회에서의 경험은 교회를 그리움의 대상으로 만든다. 비록 그 시절로 되돌아갈 수는 없지만 그 때 그 시절을 그리워하다 보면 지금의 때 묻은 믿음이 어느 새 순수해지는 것 같은 느낌이 든다.

그리운 아브라함, 바울, 루터

신앙의 본을 보여 주고, 교회를 시작하고 발전시키고, 교회가 잘못되었을 때에는 목숨을 걸고 개혁했던 고마운 신앙의 선조들이 있다. 아브라함과 바울과 루터와 같은 사람들이다. 하나님을 믿으며 살아가는 사람의 본을 보여 준 아브라함이 보고 싶다. 처음 교회를 세운 바울이 참 고맙고 그립다. 개신교의 시작을 가능하게 해 준 마르틴 루터가 참 고맙고 보고 싶다.

아브라함은 고향을 떠나라는 하나님의 명령을 따라 떠났다. 그는 어디로 갈지 정해진 곳도 없이 떠나라 하시는 하나님만 믿고 떠났다. 떠남은 그가 살던 땅, 부모와 친척, 친구들, 섬기던 신을 떠나서 온 우주를 지으신 하나님을 믿고, 모든 사람을 하나님의 백성으로 삼고 어울리며 살아가기 위한 출발을 의미한다.

하나님은 아기를 가질 수 없는 상태에 있던 사라의 태를 열어 새로운 민족을 시작하겠다고 약속하셨다. 새로운 민족은 인종, 문화, 나이, 신분을 초월하여 하나님 안에서 한 가족을 의미한다. 이것은 하나님의 뜻이었고 비전이었다. 아브라함의 삶은 자신을 통해 하나님의 뜻과 비전을 이루시려는 것을 받아들이고 살아간 여정이다. 고향과 부모를 떠난 아브라함은 많은 고생을 했다. 길에서 헤매기도 하고 어디로 가야 할지 몰라 망설이기도 했으며 아내를 빼앗길 뻔하기도 했다. 그는 떠돌이와 나그네의 삶을 살아야 했다. 길을 가다 날이 저물면 쉬기 위해 한 곳에 천막을 치고 단을 쌓고 하나님께 제사를 드리곤 했다. 며칠 지내다 다시 그곳을 떠나 다른 곳으로 이동하고 거기에 천막을 치고 단을 쌓았다. 그렇게 아브라함은 하나님을 믿는 사람들의 조상이 되었다. 아브라함에게 자기 소유는 없었다. 잠시 머문 땅의 주인은 하나님이셨고 아브라함은 그곳에 잠시 머물렀을 뿐이었다. 백세에 주신 아들 이삭을 제물로 바치라는 하나님의 잔인한 요구는 아들도 아브라함의 소유가 아니라는 것을 확인시켜 주신 것이 아닐까? 아들까지도 기꺼이 바치는 아브라함을 보고 하나님은 드디어 새로운 민족의 탄생 가능성을 보셨을 것이다. 광야를 헤매며 인류를 향한 하나님의 비전과 뜻을 펼쳐 나갔던 아브라함이 그립다.

예수님을 만난 이후 바울은 복음 전파에만 전력했다. 자신의 배경이나 지위가 복음을 확산시키는 데 방해가 된다고 생각한 바울은 그것들을 배설물처럼 여긴다고 말했다. 사도행전 28장에 나오는 바울의 마지막 모습은 투숙하고 있는 집으로 사람들이 찾아오면 그들에게 복음을 전하는 모습이다. 누가는 사도행전에서 바울의 죽음에 대하여 언급하지 않는다. 끝까지 복음을 전하는 모습만 묘사한다. 바울은 젊었을 때 세계를 돌아다니면서 복음을 전했다. 그러나 나이 들어 노년이 되었을 때는 사람들이 그를 찾아왔고 바울은 그들에게 복음을 전했다. 그래서 지금도 어디에선가 복음을 전하고 있을 것만 같다. 인류를 향한 하나님의 사랑을 전하기 위해 산을 넘고 바다를 건너 이 마을 저 마을로 사람들을 만나러 다녔던 바울이 보고 싶다. 바울과 함께 전도 여행을 다녔던 실라, 바나바, 마가, 누가 그리고 그를 도와주었던 사람들이 그립다. 바울과 함께 가정교회를 시작했던 아굴라와 브리스길라, 바울에게 전도받고 세례받은 다음 바울 일행을 여러 해 동안 자기 집에 머물게 하면서 복음을 전하게 했던 루디아도 그립다. 바울 덕분에 교회가 시작되었고, 교회를 중심으로 하나님 나라를 꿈꾸며 살게 되어서 참 감사하다.

종교개혁자 루터가 그립다. 로마에 있는 성 베드로 대성당은 어마어마하고 장엄하다. 그것을 건축한 인간이 참으로 위대하다. 신앙의 힘이 아니었다면 불가능했을 것이다. 그러나 그보다 더 위대한 것은 "오직 은총으로, 오직 믿음으로, 오직 성서로"라고 선언하며 당시의 종교권력에 맞섰던 루터다. 루터의 선언은 당시에 어마어마한 선언이었다. 그 선언은 단지 자신의 신앙적인 입장만 밝히는 고백이 아니었다. 그것은 로마 가톨릭이 1500년 동안 쌓아 온 모든 전통, 제도, 권력, 신학, 신앙 실천에 대하여 "그것이 아니다"라는 선언이었다. 이것은 "오직 은총으로, 오직 믿음으로, 오직 성서로"만 구원받을 수 있지 그 어떤 다른 것으로는 구원받지 못한다는 선언이었다. 이것은 당시의 로마 가톨릭 교회의 기둥을 뿌리째 흔드는 선언이었다. 루터는 그 당시의 교회를 개혁하고자 의도했던 것은 아니었다. 그는 다만 잘못된 것에 대하여 잘못되었다고 선언했을 뿐이었다. 루터의 선언 당시 로마 교회는 개혁되지 않았다. 그러나 그 후에 루터의 선언에 동참한 사람들이 늘어났고 새로운 기독교 공동체인 개신교가 탄생되었다. 루터가 참으로 위대하고 위대하다. 그런 루터가 보고 싶고 그립다. 교회가 이러한 루터의 정신을 이어갈 때 진정한 교회가 될 것이다.

독일의 라이프치히에 니콜라이교회가 있다. 이 교회는 1165년에 지어진 교회인데, 1539년 루터가 그곳에서 여러 번 설교함으로써 본격적인 종교개혁이 시작된 곳이다. 그로부터 350년이 지난 1989년에 베를린 장벽이 무너졌는데, 니콜라이교회의 월요 평화기도회가 그것의 결정적 원인이 되었다. 베를린 장벽이 무너지기 전 동독에 위치했던 이 교회는 월요일마다 평화를 위한 기도회를 가졌다. 1982년부터 매주 월요일 오후 5시에 모인 '평화기도회'는 늘 감시의 대상이었다. 교인들은 유럽의 평화 유지, 가난과 질병, 환경 파괴 등의 주제를 가지고 기도했다. 처음에는 아주 소수의 사람들이 모였다. 그러나 기도회는 중단되지 않고 계속되었다. 1989년 9월 4일에는 기도회가 끝났어도 참석자들이 교회를 떠나지 않았다. 그들은 교회 앞 광장에 촛불을 들고 모였고 시민들도 합세했다. 경찰의 경고에도 그들은 거리 행진을 시작했다. 이 때부터 시가행진을 포함하는 월요 데모가 시작되었다. 다음주 9월 11일 월요일에는 더 많은 사람들이 모였다. 9월 25일 기도회 후에는 8천 명, 10월 2일에는 2만 명이 모였고, 10월 9일 촛불기도회 후에는 7만 명이 시위에 참가했다. 그들은 거리로 쏟아져 나왔지만 비폭력을 원칙으로 삼았다. 경찰도 더 이상 시위를 중단시키려고 하지 않았다. 10월 16일에 시위는 전국적으로 확대되었다. 이틀 후에 호네카 구 동독 공산당 서기장이 물러났고, 그로부터 3주가 지난 뒤 1989년 11월 9일 베를린 장벽이 무너졌다. 동독의 한 권력자가 이렇게 말했다고 한다. "우리는 만반의 상황에 대비하고 있었지만 기도와 촛불에 대해서는 대비하지 못했다." 루터의 정신을 이어받은 니콜라이교회는 지금도 평화의 기도회를 열고 있다. 세계 곳곳에서 예수님-바울-루터로 이어지는 하나님 나라 운동을 전개하는 교회들이 있다는 것은 큰 축복이다.

우리나라에 복음을 전하고 교회를 세운 사람들과 그들의 전도를 받고 신앙인이 되어 교회를 발전시킨 고마운 분들이 보고 싶다. 한국 교회에는 기독교 선교 역사에 길이 남을 만한 감동스런 이야기들이 많이 있다. 그 중 강화도 교산교회의 이야기는 참으로 감동적이다.

아펜젤러 목사의 후임으로 온 인천내리교회의 존스 목사는 강화 지역 선교에 대한 관심을 가졌지만 강화 지역 사람들의 반대가 심했다. 교인 중에 강화도 출신으로 제물포에서 술집을 운영하는 이승환이라는 사람이 있었다. 이승환의 어머니가 아들을 따라 예수를 믿게 되고 세례받기를 원했다. 한복으로 변장하고 밤에 강화에 온 존스 목사는 마을에서 세례식을 거행하면 마을 사람들이 이승환의 집에 불을 지르고 존스 목사도 봉변을 당하게 될 거라는 제보를 받고 이승환의 노모를 배로 오게 했다. 이승환은 어머니를 업고 개펄을 건너 존스 목사의 배에 올랐다. 존스 목사는 달빛을 이용해 예문을 읽어 가면서 선상 세례식을 거행했다. 이것이 강화 지역에서 베푼 첫 세례였다. 그 후 이승환은 술집을 처분하고 강화도에 와서 농사를 지으면서 자기 집에서 예배를 드리기 시작했다. 이것이 교산감리교회 설립의 기초가 되었다. 이 때가 1893년이었다. 이승환은 그 후 전도에 전력하여 몇 개의 교회를 세웠으며 1908년경에 영국 성서공회를 통해 이민 간 것으로 전해지고 있다.

교산리에는 양반 출신의 김상임이란 사람이 있었는데, 그는 이승환 모친의 세례를 계기로 선교사들의 헌신적인 모습을 보고 많은 감명을 받았으며 그들과 만나 대화하면서 기독교로 개종하였다. 김상임은 기독교로 개종하자마자 가신(家神)과 사당을 불사르고 믿음 생활에 전념하면서 전도에 힘썼다. 김상임은 우리나라 최초의 신학공부 모임에 참가하였으며 전도사의 직분을 받았다. 그에 의해 신앙을 받아들인 사람들은 '주 안에서 하나 되어 복음을 전파하자'는 뜻에서 이름의 끝 자를 모두 한 일(一) 자를 넣어 개명하고 의형제 결의를 했다. 권신일, 종순일, 주선일, 허진일, 최족일, 박현일, 황도일 제씨 등이다. '一' 자로 개명한 사람은 60명에 이를 정도였다. 그들은 직접 또는 간접적으로 김상임 전도사를 통해 결신한 이들로 강화 지역은 물론 서울, 경기 전 지역에 걸쳐 개척 전도인으로 크게 활약함으로써 초대 한국 개신교의 초석들이 되었다. 이처럼 '一' 자로 개명한 사람들은 목사나 장로가 되었으며, 그들 중에는 3·1 운동에 가담하여 수난을 겪은 사람들도 있다.

교회마다 각각 아름다운 이야기, 감동스런 이야기가 많다. 교회처럼 감동스런 이야기가 많은 곳이 또 어디 있을까. 스스로를 미천하다고 여기던 사람들이 하나님의 자녀가 된 초기 한국 교인들의 이야기, 부모의 학대로 멍든 가슴을 가지고 교회를 찾아온 사람들이 치유받은 이야기, 도저히 용서할 수 없는 사람들을 용서한 이야기, 용서받을 수 없는 잘못을 용서받은 이야기, 밤새 기도하면서 하나님의 자녀 됨에 대한 확신을 갖게 된 가슴 벅찬 이야기, 설교를 통해 감동받고 새로운 삶을 시작한 이야기 등등의 수많은 이야기들은 교회에서만 들을 수 있는 감동들이다. 이렇게 귀한 공동체를 만들어 준 바울이 그립고 루터가 고맙다. 교회는 우리가 땅에 살면서 하나님 나라를 맛볼 수 있는, 하나님이 인류에게 주신 가장 좋은 선물이다.

chapter 03

그리운 하나님,
그리운 우리 예수님

    하나님이 많이 보고 싶고 그립다. 만일 하나님이 우리에게 자신을 보여 주신다면 어떤 모습일까? 큰 산맥 하나를 옷자락으로 덮고 계신 모습일까? 아니면 밤하늘의 찬란한 빛의 모습일까? 어떤 모습이든 하나님 모습의 일부라도 본다면 그것은 어마어마한 경험일 것이다. 그 앞에서 우리는 말을 잃고 두려워 떨면서 황홀해할 것이다. 그러나 하나님의 모습은 우리가 상상하는 것과 전혀 다를 수도 있다. 전지전능하신 하나님이 아니라 연약하신 하나님, 사람들 때문에 어쩔 줄 몰라 하시는 하나님일지도 모른다. 그동안 사람들은 너무 전능해졌다. 달나라 별나라에도 가고, 지구를 수백 번 없앨 수 있는 핵무기도 만들고, 하나님의 피조물인 산과 강을 마구 파괴할 수 있는 힘을 가진 존재가 되었다. 그런 힘있는 사람들 때문에 어찌해야 할지 몰라 이러지도 저러지도 못하는 연약한 하나님은 아니실까?

전지전능하신 하나님의 모습도 보고 싶고 연약하신 모습의 하나님도 보고 싶다. 하루에도 몇 번씩 불러보는 하나님이 보고 싶고 그립다. 아담과 이브는 인류에게 원죄뿐만 아니라 하나님에 대한 그리움을 남겼다. 에덴동산에서 쫓겨난 아담과 이브는 하나님이 많이 그리웠을 것이다. 선악과를 따 먹고 숨어 있을 때 그들의 이름을 부르시면서 찾아와 주신 하나님, 가죽으로 손수 옷을 만들어 입혀 주신 하나님, 에덴동산을 떠날 때 손 흔들어 주시던 하나님이 많이 보고 싶고 그리웠을 것이다. 하나님은 더 이상 두려움의 대상이 아니라 그리움의 대상이 된 것이다. 인간이 어떻게 하나님을 향하는 마음을 가질 수 있나? 아담과 이브가 인류에게 유전처럼 남겨 준 하나님에 대한 그리움 때문이다. 그리움은 하나님을 사모하고 바라보게 하는 인간의 본성이다.

예수님이 많이 보고 싶고 그립다. 하나님의 아들로 나셔서 궁궐의 비단 요 위에 뉘이시지 않고 마구간에 나셔서 말구유 안에서 송아지 울음소리 들으며 방실 방실 웃으셨을 예수님이 보고 싶다. 갈릴리 시골 길을 맨발로 거닐면서 사람들에게 하나님 나라 이야기 들려주시던 예수님, 배고프면 아무 집에나 불쑥 들어가 찬밥을 함께 나누면서 고생하며 힘들게 살아가는 사람들의 이야기 들으며 눈물 흘리셨을 예수님이 많이 보고 싶다. 아픈 사람들의 상처 어루만지며 위로해 주시고, 애끓는 심장으로 품어 고쳐 주시고, 코흘리개 아이들을 무릎에 앉히시고 재미난 이야기 들려주며 축복하신 예수님이 그립다. 하루 종일 하나님 나라를 전파하시고, 때 저물면 아무 집 사랑방 구석에서 한잠 주무시다가 고요한 밤 홀로 뒷산에 올라가 사람들을 위하여 하늘의 하나님께 부르짖으셨던 예수님이 많이 보고 싶다. 십자가에 달리신 채로 자신을 제물 삼아 죄 많은 사람들을 용서해 달라고 애원하신 예수님이 보고 싶고 그립다. 죽음, 어둠, 무덤, 절망을 박차고 벌떡 일어나신 예수님이 보고 싶다. 언젠가 예수님을 만나게 될 때 그 앞에 무릎 꿇고 뜨겁고 굵은 눈물 흘리며 말하고 싶다. "아주 많이 보고 싶었습니다. 그리웠습니다. 사랑합니다."

chapter 04

그리움을 만들어 가는 목회

　　성서는 사람들이 하나님을 그리워하는 노래며 이야기다. 창세기는 창조
주 하나님을 그리워하는 노래고, 출애굽기는 노예에서 건져 주신 하나님을 찬
양하고 그리워하는 이야기다. 시편은 그리운 하나님을 간절히 보고 싶어하는 마
음의 표현이며, 예언서는 하나님에 대한 그리움의 상실로 타락한 사람들을 깨
우치는 소리다. 복음서는 예수님을 통해 하나님의 자녀로 새로 태어난 사람들
이 예수님을 보고 싶어하는 그리움을 담은 이야기며, 바울서신은 선교 여행 중
에 만났던 사람들, 믿음으로 살려고 애쓰는 교인들에 대한 그리움을 담은 내용
이다. 거꾸로 성서는 사람들을 보고 싶어하고 그리워하시는 하나님의 마음을 담
은 책이다. 성서는 온통 사람들에 대한 하나님의 애타는 마음, 사모의 마음으로
가득 차 있다. 예수님의 오심은 사람들에 대한 하나님의 그리움을 구체적으로

표현한 사건이다. 예수님은 사람들에게 하나님이 그들을 얼마나 보고 싶어하시고 그리워하시는지를 일깨워 주셨다.

예배는 하나님을 그리워하는 사람들이 함께 모여 하나님에 대한 그리움을 공동으로 표현하는 의식이다. 또한 예배는 사람을 보고 싶어하고 그리워하시는 하나님이 강림하시는 시간이다. 기도는 하나님을 그리워하는 사람과 사람을 그리워하시는 하나님이 만나 대화하는 시간이다. 설교는 하나님을 그리워하며 살아가는 삶이 가장 아름답고 귀하다는 선포다. 교회는 온 우주를 만드시고 섭리하시는 하나님을 그리워하고, 온 인류를 위해 용서와 구원의 길을 보여 주신 예수님을 그리워하고, 다가올 하나님의 나라를 그리워하는 사람들의 모임이다.

현대인의 삶이 왜 메마를까? 그리움의 대상을 상실하고, 그리움 대신 그 자리에 욕망이 자리잡고 있기 때문이다. 그리움의 대상을 욕망의 대상으로 만들어 놓았기 때문이다. 누구도 그리움의 대상을 소유할 수 없고 소유해서도 안 된다. 그리움의 대상은 누구에게나 열려 있어야 한다. 그리움의 대상을 욕망과 소유의 대상으로 만드는 것이 큰 잘못이다. 하나님은 그리움의 대상이지 욕망의 대상이 아니다. 왜 신앙인의 삶이 풍성해지지 않는가? 예수님이 그리움의 대상이 아니라 욕망의 대상으로 변질되었기 때문이다. 성령을 그리워하지 않고 성령의 능력만을 소유하려고 하기 때문이다. 목회는 삶에 지친 사람들이 하나님을 그리워할 수 있도록 도와주는 것이다. 목회는 그리운 예수님이 계신 곳을 향해 교인들과 함께 걸어가는 것이다. 목회는 땅의 사람들이 하늘나라를 그리워하고 바라볼 수 있도록 인도해 주는 참으로 아름다운 일이다.

한국 교회가 공동으로 애도해야 한다. 한국 교회가 갱신을 부르

짖기 전에 먼저 애도해야 한다. 부흥을 위한 새로운 프로그램을

만들기 전에 먼저 애도해야 한다. 한국 교회가 상실한 것에 대

하여 깊이 성찰하고 아파하고 슬퍼해야 한다. 부흥과 성장, 성

공과 축복의 노래를 부르는 대신 애가를 불러야 한다. 만일 한

국 교회가 일 년에 한 달을 애도 기간으로 정하고 예배를 제외

한 모든 프로그램을 중단하고 애도한다면 한국 교회가 크게 달

라질 것이다. 한 달 동안 교인들이 개인, 가족, 교회, 나라를 생

각하면서 애도하고 기도하면 한국 교회는 크게 달라질 것이다.

12

목회에서의 상실과 애도

chapter 01

그때 그 은혜, 지금 새 은혜

김 목사는 오랜만에 대학 동창 모임에 갔다. 친하게 지냈던 친구들이 십여 명 모였다. 그들은 사십대 중반이 되었다. 혼자만 목사인 그는 처음에는 그들의 대화에 끼어들기가 쉽지 않았다. 하지만 곧 옛 시절을 떠올리며 즐거운 시간을 가졌다. 헤어질 때에 한 친구가 김 목사에게 말했다. "예전 모습과 너무 달라져서 많이 낯설다." 그랬더니 다른 친구들도 이구동성으로 그렇다고 했다. 김 목사는 집으로 돌아오면서 자기는 목사이기 때문에 그들이 그렇게 느끼는 것은 당연한 거라고 생각했다. 그러나 자꾸 그들의 말이 마음에 걸려 가장 친한 친구에게 전화를 걸어 물어보았다. 그 친구는 단지 그가 목사이기 때문에 그렇게 느껴진 것만은 아니라고 했다. 그 친구는 김 목사의 표정이 너무 굳어 있고 말이 너무 판단적이라고 말했다. 김 목사가 대학 시절에는 친구들 중에서 가장 밝고 긍정적이고 누구하고나 친하게 지냈는데 지금은 말 걸기가 불편할 정도로 엄격한 모습이라고 했다. 그 친구의 말은 김 목사에게 충격적이었다. 친구의 말을 곰곰이 생각하면서 자신을 되돌아보았다. 그는 교인들이 "우리 목사님 무서워요" 한다는 말을 들어도 별로 개의치 않았다. 그는 자신의 삶을 철저하게 관리했다. 교인들은 청교도적으로 살려고 노력하는 김 목사를 존경했다. 교회도 부흥했다. 그런데 김 목사는 자신이 지쳐 있다는 것을 느끼고 있었다. 새벽기도에 다녀온 후 다시 잠을 자기 시작하면 쉽게 일어나지지 않았다. 부교역자들이 특별한 이유 없이 밉고 그들에게 거친 말을 사용하기도 했다. 교인들에 대한 분노가 자주 생기고 그것을 설교로 표현하기도 했다. 김 목사는 자신이 왜, 언제부터 이렇게 달라졌는지에 대해 곰곰이 생각해 보았다. 목사가 되겠다고 결심했었던 지난날의 어떤 사건이 문득 떠올랐다.

대학교 3학년이었던 1월의 아주 추운 겨울, 대학부 수양회가 기도원에서 있었다. 둘째 날 밤 개인기도 시간이었다. 기도실이 무척 추웠지만 담요를 뒤집어쓰고 앉아 기도하기 시작했다. 그는 그날 밤 소위 성령 체험을 했다. 온몸이 불덩이처럼 달아오르는 것 같았고 전혀 춥지가 않았다. 그는 기도원 밖으로 나와 차가운 바위 위에 엎드려 하나님께 "목사가 되겠습니다"라고 고백했다. 대학 졸업 후에 그는 신학대학원에 들어갔고 목사가 되었다. 그는 목회하면서 바위에 엎드려 목사가 되겠다고 고백하고 결심했던 그 때 그 사건을 늘 잊지 않았다. 마음이 약해지고 힘들 때마다 그 경험과 결심을 떠올리곤 했다. 김 목사는 그 때부터 자신의 생각과 행동이 엄격해지고 점점 다른 모습이 되어 갔다는 생각이 들었다. 그해 가을, 그는 그 기도원을 다시 찾았다. 은혜받고 목사가 되겠다고 고백하고 기도했던 그 기도원과 바위를 다시 보고 싶었다. 그러나 기도원과 바위가 있던 자리에는 현대식 건물로 지어진 수양관이 들어서 있었다. 많이 아쉬웠지만 수양관에 며칠 머물면서 지난 15년 동안의 자신의 삶과 목회를 되돌아보는 시간을 가졌다. 그는 거기서 자고 싶으면 자고, 걷고 싶으면 걷고,

기도하고 싶으면 기도하고, 때론 아무 생각 없이 멍하니 방 안에 누워 있기도 했다. 오랜만에 자신을 내려놓았다. 그는 자신이 아직도 대학 3학년 때의 경험과 결심에 매여 있다는 것을 깨닫게 되었다. 그런 경험과 결심이 사람들과 거리를 두게 하고, 스스로 채찍질하게 하고, 하나님의 새로운 인도와 은혜를 제한하게 했다는 것을 알게 되었다. 그는 처음으로 "하나님, 저 지쳤어요"라는 기도를 하며 많이 울고 회개도 했다. 수양관에서 내려오면서 그는 "이제 그 때 그 은혜 그 결심은 잊고 새 은혜를 사모하자"라고 결심했다. 집으로 돌아오는 길에 카페에 들려 차를 마시면서 동창 친구에게 '나에 대해 솔직하게 말해 줘서 고맙다'는 문자도 보내고, 지난 주에 어머니를 여읜 집사님에게 위로 전화도 했다. 고등학교 2학년인 딸에게도 '우리 딸 최고, 사랑해'라는 문자를 보냈다. 아내에게 지금 집으로 간다고 전화하고 다시 출발했다. 그의 마음은 한결 가벼웠고 영혼도 평안해짐을 느꼈다. 가을 하늘이 참 맑고 높게 보였다.

목회를 하다 보면 목회를 시작하게 했던 소명감이 상실되는 경험을 한다. 소명감은 수많은 인생의 길 중에서 왜 목회자의 길을 선택했는지 설명해 주는 중요한 이유다. 안타깝게도 목회하면서 소명감뿐만 아니라 하나씩 둘씩 또다른 상실을 경험하게 된다. 목회 자체가 상실의 연속이다. 목회는 상실을 어떻게 다루느냐에 많이 좌우된다.

chapter 02

상실의 경험, 목회의 현실

　　어느 대도시의 꽤 큰 교회에 담임목사가 새로 부임해 왔다. 부임하는 주
일에 교인들은 일찍부터 와서 기다렸다. 그런데 예배가 시작되는 11시가 되었
는데도 목사는 강단에 올라오지 않았다. 5분이 지났어도 여전히 목사는 등단하
지 않았다. 사람들이 수군거리기 시작했다. 10분 지났을 때 나이 많은 장로 한
사람이 담임목사실로 갔다. 목사는 창가에 서 있었고 그의 눈에는 눈물이 고여
있었다. 장로는 목사가 왜 그러는지 금방 알아차리고 말했다. "목사님, 우리 교
회에 새로 오시는 목사님들은 처음에는 다 그러셨습니다. 그런데 금방 괜찮아
지셨습니다. 목사님도 곧 편안해지실 것입니다." 그 말은 들은 목사가 대답했
다. "장로님, 장로님 말씀대로 몇 주 지나면 아무렇지 않게 될 것 같아서 이러고
있습니다." 화려한 교회 창문을 통해 본 곳은 가난한 동네, 좁고 더러운 거리의

판자촌이었다. 장로는 목사가 그 거리의 사람들이 불쌍해서 운다고 생각하면서 몇 주가 지나면 그런 마음이 사라지고 편해질 거라고 위로했다. 그러나 목사는 그런 마음이 곧 없어질 것 같아서 울고 있었다. 그 목사는 대학생 때 가난한 동네에 봉사 갔다가 평생 그런 사람들에게 희망을 주는 목사가 되겠다고 결심하고 신학교에 갔다. 그러나 세월이 흐르면서 그런 마음은 점점 사라졌고 이제는 꽤 큰 교회의 담임목사가 되었다. 그 목사는 이제 장로의 말대로 교회 일로 바쁘게 될 거고 그러면 판자촌 사람들에 대하여 가졌던 마음도 금방 사라질 것을 알고 있다. 목사는 매주일 설교를 준비하고 심방하고 교회 프로그램 운영하느라 정신이 없을 것이다. 목사는 매일 그 거리를 지나 출근하고 매주일 창을 통해 보이는 그 동네 사람들을 외면한 채 강단에 오를 것이다. 그 목사는 자신이 곧 그렇게 될 것 같아서 울고 있으며 강단에 오르기를 주저하고 있었다.

목회자의 마음에는 늘 슬픔과 아픔이 자리잡고 있다. 슬픔과 아픔은 소명감에서 멀어진 목회를 하고 있다는 생각에서 생길 수 있고, 교인들과의 관계에서 생길 수 있으며, 하나님과의 관계에서 생길 수 있고, 자신과 가족의 문제에서 생길 수 있다. 목회자의 슬픔과 아픔은 목회자의 부족이나 실패에서 오는 것만은 아니다. 목회자의 슬픔과 아픔은 목회하는 동안 언제나 그림자처럼 따라다닌다. 그러므로 슬픔과 아픔은 목회자가 항상 관심을 가지고 다루어야 할 중요한 주제다.

목회를 하다 보면 기도가 이루어지고 비전이 성취되고 꿈이 실현되는 기쁨도 크지만 상실도 많이 경험한다. 작은 교회에서 교회 일을 자기 일처럼 하던 젊은 집사 부부가 직장 때문에 큰 도시로 이사 갈 때 목회자는 축하해 주면서도 힘이 빠지고 마음이 허전해진다. 함께 교회를 개척하고 고락을 나누었던 장로 부부가 이혼하고 교회에 나오지 않는다. 그들은 금슬이 좋기로 소문난 부부였고 기도도 많이 하고 많은 교인이 그 부부의 전도로 교회에 나왔다. 그들의 이혼은 건실하게 성장하고 있는 교회 전체에 충격일 뿐 아니라 목회자에게는 큰 슬픔이다. 작은 교회를 일부러 찾아왔다는 대학생 두 명이 일 년이 지난 다음 자기들도 대학부가 있는 큰 교회에서 신앙생활하고 싶다고 하면서 인사드리러 왔을 때는 그러라고 말하면서도 마음이 슬퍼진다. 새로 신앙생활을 시작하고 믿음을 갖고 사는 것에 대해 행복해하고 감사하던 교인이 갑자기 교통사고로 세상을 떠난다. 그럴 경우에 목회자는 하나님이 원망스러울 정도로 화가 난다. 뇌출혈로 갑자기 쓰러진 교인을 위해 밤새 기도했지만 결국 숨을 거두는 모습을 보면서 목회자는 무능력을 경험한다. 목사를 가장 좋아하고 존경한다던 교인이 갑자기 목사를 모함하면서 비난하고, 가장 신뢰하던 장로가 앞장서서 목사를 내보내야 한다고 교인들을 선동할 때 목회자의 가슴은 찢어지고 소명감은 사라지고 좌절과 분노와 슬픔이 몰려온다. 목회자의 상실 경험은 주로 관계에서 오기 때문에 슬프고 아프기만 한 것이 아니라 분노와 원망도 생겨서 더욱 고통스럽다.

　　목회자의 슬픔과 아픔에는 가족과 관계된 것도 많다. 결혼을 앞둔 아들에게 아버지가 물었다. "네가 나와 살면서 가장 힘들었던 게 뭐냐?" 아들은 "어렸을 때 아빠 얼굴을 본 기억이 없어요"라며 울기 시작했다. 아버지는 큰 충격을 받았다. 아버지는 새벽에 나갈 때 자고 있는 아들의 얼굴을 보았고 밤늦게 들어와서 아들의 머리맡에서 무릎 꿇고 기도하면서 그의 얼굴을 보았다. 그러나 아들은 정작 아버지의 얼굴을 못 보았다는 것이다. 그 목사는 아들이 결혼할 때가 되어서야 비로소 그 사실을 알았다고 했다. 아버지는 울면서 아들에게 사과했다. 이것은 40여 년을 목회하다가 은퇴한 한 목회자의 이야기다. 어떤 신문사의 한 기자가 방송 인터뷰를 하면서 말했다. "저는 세상에서 가장 존경하는 목회자를 꼽으라면 서슴지 않고 우리 아버지를 말합니다. 저는 우리 아버지를 목사님으로 진심으로 존경합니다. 그런데 저에게 아버지는 없었습니다. 아버지는 집에서도 목사님이셨습니다." 이 말을 듣는 목회자들의 마음은 아프고 슬퍼진다.

사모들로 인한 복회자의 아픔도 크다. 그렇게 발랄하고 쾌활했던 목소리가 작아지고 교인들 만나기를 두려워하는 아내를 보는 목회자의 마음은 쓰리고 아프다. 한 사모가 "여보, 왜 이렇게 나 자신이 초라하게 느껴질까요? 근데 이 나이가 되도록 이런 느낌을 갖는다는 게 하나님께 너무 죄송스러워요. 쉰을 넘으면 하나님께 멋있는 모습 보여 드리고 싶었는데—" 하면서 울었다. 누가 이 사모를 초라하게 느끼게 했나? 가장 가까이에 있는 남편 목회자가 그렇게 느끼게 한 것이다.

목회자는 자신의 무능력 혹은 열등감에서 오는 아픔과 슬픔을 견뎌 내야 한다. 수년 동안 정성을 다하고, 기도하고, 아무리 노력해도 교회는 성장하지 않고 교인들도 달라지지 않을 때 목회자는 자신의 무능력감에 시달린다. 교회의 규모가 크든지 작든지 하루도 쉴 틈 없이 목회를 하다 보면 신체적·정신적·영적 에너지가 고갈됨을 느낀다. 정신없이 교회 일을 하다가도 문득 '이게 목회인가'라는 의미성 질문을 던진다. 무능력, 탈진 상태, 의미성 부재에서 오는 슬픔과 아픔은 목회자를 늘 따라다닌다. 목회자의 과제는 슬픔과 아픔을 없애는 것이 아니라 그것을 어떻게 다루느냐다.

chapter 03

목회, 애도의 과정

　　중요한 대상을 상실할 때 자아는 흔들리고 가치관에 혼돈이 생기고 영성에 손상을 입는다. 상실을 경험한 자아는 애도의 과정을 거쳐야 회복된다. 즉 울고, 아파하고, 괴로워하고, 외로워하고, 그리워하고, 분노하고, 좌절하고, 죄책감에 시달리고, 무기력감에 빠지고, 때론 신체적 질병으로 고통을 당하면서, 조금씩 무너진 자아가 구축되고 새로운 가치관이 형성되면서 영성이 새롭게 빛을 발한다. 애도는 상실 이전과 다른 새로운 상황에 적응하는 과정이다. 애도하지 않으면 상실이 주는 상처에 매이게 될 뿐만 아니라 평생 우울할 수 있다.

　　수많은 상실을 경험하는 목회자가 애도 과정을 가지지 않으면 상실의 상처로부터 회복되지 않는다. 그러면 자신도 힘들고 교인들을 대하는 태도도 거칠어지면서 소명감도 약화된다. 상실의 상처를 무시하거나 억누르면 그 상처가 목회에 나쁜 영향을 준다. 반면 애도 과정을 겪으면 중요한 대상들은 상실되었으나 그들이 남겨 준 좋은 영향들이 내면에 축적되어 긍정적 자원이 된다. 상실의 경험 이전보다 자아가 더 건강해지고, 억눌렸던 영성이 살아나며, 소명감이 새롭게 형성된다.

아버지의 갑작스런 죽음에 힘들어하던 한 목사는 애도하면서 아버지와의 불편했던 관계로 인해 생긴 상처가 치료되고 목회자로 부르심 받은 것에 대해 확신을 갖는 경험을 했다. 그 목사는 아버지에 대한 원망이 컸다. 목사가 된 것도 아버지의 소원 때문이었다. 그는 큰 교회 목회자였던 아버지를 별로 좋아하지 않았다. 그의 눈에 비친 아버지는 교인들에겐 거룩한 척했고, 교회를 자신의 욕망과 출세의 발판으로 삼았으며, 자녀들에겐 아버지를 생각해서 바르게 행동하라고 요구하는 무서운 존재였다. 아버지를 볼 때마다 숨이 막히는 것 같았다. 그 목사는 일부러 아버지가 있는 곳에서 멀리 떨어진 지방의 작은 교회에서 목회했다. 아버지가 돌아가시면 목회를 그만 둘 수도 있다는 생각도 했다. 아버지에게 불만만 가지고 있던 그는 아버지가 갑작스런 죽음을 맞이하자 죄책감에 시달렸다. 무엇보다 아버지와 한 번도 솔직한 대화를 나누지 못한 것이 가장 힘들었다. 많이 울고 힘들어하면서 아버지를 심리적으로 떠나보내는 애도 과정을 거치는 동안 아버지의 다른 모습이 떠오르기 시작했다. 어릴 적 아버지가 지방의 작은 교회에 있을 때 함께 뒷산에 자주 놀러 갔던 일, 서울에 다녀오면 늘 선물을 사다 주셨던 일, 무릎에 앉히고 "우리 아들이 하나님의 좋은 일꾼이 되게 해 주세요"라고 안수 기도해 주신 일 등 잘해 주셨던 아버지의 모습이 떠올랐다. 그러던 어느 날 예배당에서 하루 종일 기도하면서 지냈다. 그렇게 오랫동안 기도한 것은 처음이었다. 마음이 가벼워지며 풍성해지는 느낌이었다. 그것은 신기한 경험이었다. 아버지에 대한 불만과 원망도 사라지고 새로운 에너지가 솟아나는 것 같았다. 하늘나라에서 아버지가 응원해 주시는 것 같았다. 놀랍게도 자기가 목회자로 부르심 받았다는 확신이 들었다. 그 후로 교인들을 대하는 자세가 달라졌고 목회가 재미있고 의미 있게 느껴졌다. 전혀 예상하지 못한 경험이었다. 그는 애도의 과정을 통해 상실의 상처에서 회복되었고 마음에 있던 억눌림에서 벗어나 자유를 얻었다.

애도는 상실의 상처에서 벗어나게 해 줄 뿐만 아니라 자아를 새롭게 구성해 주고 미래에 대한 새로운 비전도 만들어 준다. 애도하면 감추어진 긍정적·내적 능력도 되살아나고 영적 새로움도 생겨난다. 애도 이후의 자아는 애도 이전의 자아와 다르다. 애도 이후의 자아는 새롭게 구성된 통합적 자아다. 애도하면서 상처만 치유되는 것이 아니라 자아 전체가 새로운 모습으로 재구성되기 때문이다.

목회자는 자신의 아픔과 슬픔을 다스리면서 교인들이 그들의 슬픔과 아픔을 다스릴 수 있도록 도와주어야 한다. 즉 목회자는 자신의 상실에 대해 애도하면서 교인들이 그들의 상실에 대해 애도할 수 있도록 보살펴 주어야 한다. 진정한 목회는 아픔과 슬픔 가운데 있는 사람들과 함께 하는 목회다. 이것을 '현존의 목회' 혹은 '존재의 목회'라고 한다. 행위의 목회가 무엇인가 구체적으로 해 주는 목회라면, 존재의 목회는 그냥 곁에 있어 주는 목회다. 슬픔과 아픔을 위한 목회는 존재의 목회 혹은 현존의 목회다.

chapter 04

애도해야 하는 한국 교회

한때 영성의 중심지였고 교세를 자랑하던 중세의 한 수도회가 점점 쇠락해 갔다. 어떤 방법을 사용해도 수도회는 부흥되지 않았고 몰락해 갔다. 수도회의 본부가 있는 수도원에는 수도원 원장과 네명의 수사만 남게 되었다. 그들은 모두 일흔이 넘은 고령이었다. 그들은 수도회의 쇠퇴가 마치 자기들의 부족함 때문으로 느껴져 많이 슬퍼하고 아파했지만 별 방법이 없었다.

깊은 산중에 있는 수도원 근처에는 유대교의 랍비가 가끔 와서 은거하는 암자가 있었다. 어느 날 랍비가 온 것을 알고 수도원장이 암자로 찾아갔다. 수도원을 살리는 방법에 대하여 조언을 얻고자 함이었다. 수도원장이 찾아온 이유에 대하여 말하자 랍비는 난색을 표하며 안타까워했다. "우리 유대교도 마찬가지입니다. 우리 유대교 회당에도 더 이상 사람들이 찾아오지 않습니다. 사람들에게서 영혼이 모두 떠나갔습니다." 수도원장과 랍비는 함께 눈물을 흘렸다. 그들은 토라를 함께 읽으면서 이야기를 나누었다. 돌아갈 시간이 되자 수도원장은 수도회를 살릴 방안이 있으면 알려 달라고 다시 말했다. 랍비가 말했다. "유감스럽게도 드릴 말씀이 없군요. 다만 제가 한 가지 말씀드릴 수 있는 것은, 수도원에 계신 분 중에 한 사람이 구세주인 것 같습니다." 수도원으로 돌아온 원장에게 동료 수사들이 "랍비가 뭐라고 하던가요?"라고 묻자 원장이 말했다. "아무런 조언을 줄 수 없다고 했네. 우리는 함께 울었고 토라를 읽었지. 그런데 내가 막 떠나기 전에 그가 한마디 했는데, 이해할 수 없는 말이었어. 우리 중에 구세주가 있다는 거야."

그 후 몇 달 지나는 동안 수사들은 랍비가 한 말이 무슨 뜻인지에 대하여 생각하고 또 생각했다. 우리 중에 한 사람이 구세주라면 그는 누구일까? 그는 아마도 30년 이상을 수도원을 지켜 온 수도원장일 거야. 아니면 빛나는 영을 지닌 토마스 수사일까? 수도원장이나 토마스 수사가 아니면 혹시 엘레드 수사는 아닐까? 그는 때로 변덕을 부리고 사람들에게 고통을 주곤 하지만 그의 생각은 언제나 옳았어. 혹시 소극적이지만 필요할 때면 꼭 나타나서 도움을 주는 필립 수사가 구세주일까? 만일 내가 구세주라면 그것은 말도 안 돼. 나는 너무 평범해. 수사들은 그들 중에 한 사람이 구세주일지 모른다는 생각을 하면서 서로 공경하고 존중하기 시작했다. 자기 자신도 귀한 존재라고 생각하고 자신을 사랑했다. 그러나 여러 달이 지나는 동안 수도원에는 여전히 다섯 명의 수도사들만 남아 있었다.

수도원이 있는 곳의 숲은 무척 아름다웠다. 그래서 사람들이 찾아와 소풍을 즐기고, 오솔길을 따라 산책도 하고, 때로는 예배당에 들어가 명상을 하기도 했다. 그런데 사람들은 지나가는 수도사들의 모습에서, 혹은 그들과 인사를 나누면서 그들에게서 신비한 힘이 나오는 것을 느꼈다. 그 신비한 힘은 수도원 전체에 퍼져 있는 것 같았다. 방문객들도 말로 설명하기 힘든 신비한 느낌을 받았다. 이것은 전과 다른 경험이었다. 많은 사람들이 수도원을 찾기 시작했다. 젊은 사람들이 하나둘씩 수도원을 찾아와 수사들과 대화를 나누면서 수사가 되겠다고 서원했다. 그리하여 몇 년 사이에 그 수도원은 다시 전처럼 활기찬 수도회가 되었고, 그 지역에서 빛과 영성의 중심지가 되었다.

'랍비의 선물'이라는 제목의 이 이야기는 스캇 펙M. Scott Peck의 『평화 만들기』(김민예숙·김예자 옮김, 열음사, 2006)의 머리말에 나온다. 수사들은 수도원의 쇠퇴에 대하여 함께 아파하고, 좌절하고, 기도하면서 애도하였다. 그들은 서로를 최고로 존중하고 자신의 부족을 인정했다. 그러자 비로소 각자의 영성이 되살아난 것이다. 애도한 다음에 누구를 탓하지 않고 서로를 하나님이 보내신 구세주라 생각하면서 최고로 존중했을 때, 그리고 자신을 귀한 존재로 사랑했을 때 신비한 영적 힘이 나왔고, 그 신비한 힘이 수도원 전역에 퍼져 그곳을 방문한 사람들이 그것을 느꼈다. 이것이 수도원을 부흥시킨 요인이 되었다.

한국 교회가 약화되고 있다는 우려가 많다. 그것은 단지 기독교인의 양적 감소만을 의미하지 않는다. 교회마다 교인 수를 늘리고 기독교의 영향력을 넓히려고 노력하고 있지만 안타깝게도 그렇게 하면 할수록 정반대의 현상이 일어나고 있다. 교인 수도 늘지 않고 기독교의 선한 영향력도 증대되기는커녕 감소하고 있다. 지금 한국 교회가 먼저 해야 할 일은 애도하는 것이다. 한국 교회는 기독교의 약화에 대해 아파해야 하고 슬퍼해야 한다. 사람들이 예전처럼 더 이상 교회를 찾아오지 않고 기독교에 대한 기대보다는 비난하는 현실에 대하여 통곡해야 한다.

한국 교회의 문제점은 바로 엄청난 상실이 있었음에도 불구하고 애도가 없다는 데 있다. 개인이나 교회 전체, 나아가 기독교 전반에 엄청난 상실이 있어도 애도하지 않고 있다. 애도가 없으면 치유가 일어나지 않고 새로움이 탄생되지 않는다. 그런데도 교회는 애도의 장을 제공하지 않고 심지어 애도 자체를 믿음이 없는 행위처럼 여기기도 한다. 이것은 우리 사회도 마찬가지다. 우리 사회처럼 한꺼번에 많은 상실을 경험하는 사회도 흔하지 않다. 당연히 애도해야 다음 단계로 나아가는데 애도가 없기 때문 상실의 상처에 매여 산다. 상실은 있으나 애도가 없기에 과거에 매이고 진정한 새로움이 만들어지지 않는다. 교회는 개인적으로 혹은 사회적으로 상실을 경험한 사람들을 위한 애도의 장이 되어야 한다.

성서에는 상실과 애도의 이야기가 많다. 아담과 이브는 하나님과의 관계를 상실했으며 가인은 이웃을 상실했다. 아브라함은 사랑하는 부모와 정든 고향을 상실했으며, 야곱과 요셉도 부모와 고향을 상실한 채로 살아간 사람들이다. 이스라엘 백성은 나라를 상실한 채로 종살이를 했다. 룻과 나오미의 이야기는 가장 사랑하는 사람들을 상실한 사람들의 가슴아픈 이야기다. 예언자 시대에는 정의가 상실되었고, 묵시문학 시대에는 모든 희망이 상실되었다. 시편에는 개인과 국가와 종교가 경험한 상실에 대한 탄식이 많이 있다. 십자가는 예수님을 따르던 사람들에게 가장 큰 상실의 표징이었다. 그들은 믿고 따르던 예수님을 잃었고 그에게 걸었던 희망도 사라졌다.

성서의 인물들은 상실의 아픔과 슬픔을 지닌 채로 살아갔다. 그들은 상실을 외면하지 않고 그것에 대한 애도의 과정을 겪으면서 상실의 아픔을 극복했을 뿐만 아니라 새로운 이야기를 만들었다. 상실을 경험한 족장들이 광야를 헤매면서 애도했을 때 야훼 종교의 조상이 되었다. 이스라엘 사람들이 신음할 때 그 소리를 들으신 하나님이 그들을 구원하셨다. 룻과 나오미의 애도는 흐뭇한 이야기를 만들어 냈을 뿐만 아니라 예수님의 조상을 낳았다. 예언자들의 애도는 타락한 야훼 종교를 갱신시켰고, 묵시문학자들은 탄식하면서 하나님의 통치를 기다릴 수 있었다. 예수님의 상실을 경험한 사람들은 예수님의 부재에 대하여 애도하면서 초대교회를 세웠다. 베드로는 애도를 통해 예수님의 진정한 제자로 거듭났다. 루터와 개혁자들의 탄식과 애도는 개신교를 탄생시켰다. 이렇게 애도는 새로운 영적 운동을 일으키고 신앙을 갱신하게 한다.

한국 교회가 공동으로 애도해야 한다. 한국 교회가 갱신을 부르짖기 전에 먼저 애도해야 한다. 부흥을 위한 새로운 프로그램을 만들기 전에 먼저 애도해야 한다. 한국 교회가 상실한 것에 대하여 깊이 성찰하고 아파하고 슬퍼해야 한다. 부흥과 성장, 성공과 축복의 노래를 부르는 대신 애가를 불러야 한다. 만일 한국 교회가 일 년에 한 달을 애도 기간으로 정하고 예배를 제외한 모든 프로그램을 중단하고 애도한다면 한국 교회가 크게 달라질 것이다. 한 달 동안 교인들이 개인, 가족, 교회, 나라를 생각하면서 애도하고 기도하면 한국 교회는 크게 달라질 것이다.

목회자도 자신과 가족, 그리고 교인들에게 일어난 상실과 상처가 있으면 그로 인해 무엇이 달라졌는지에 대하여 깊이 묵상하고, 아파하고, 슬퍼하고, 치유를 위해 기도해야 한다. 목회자도 한 달 동안 침묵, 묵상, 기도, 참회, 용서, 은총의 사모, 슬퍼함의 기간을 갖는다면 자신의 상처가 치유될 뿐만 아니라 그로부터 새로운 영성이 발현될 것이다. 교회 전체가 애도하면 한국 교회로부터 영성이 넘쳐나와 사회 전체에 번질 것이다. 그러면 한국 교회가 다시 빛과 영성의 중심지가 될 것이다.

끝맺는 말 : 주님이 오실 때까지

마태복음 17장에 보면 제자들이 두 그룹으로 나누어져 있다. 베드로, 야고보, 요한은 산 위에 있고 나머지 아홉 명의 제자들은 산 아래에 있다. 산 위에 있는 제자들은 예수님과 함께 신비하고 놀라운 경험을 했다. 예수님의 얼굴이 해처럼 빛났고, 예수님이 모세와 엘리야와 대화했고, 하늘에서 소리가 들리기도 했다. 이 광경을 본 베드로는 너무 황홀해서 거기서 살자는 제안도 했다. 그러나 산 아래에 있던 아홉 제자들의 상황은 절망적이었다. 그들은 한 아버지가 귀신 들려 간질로 고생하는 아들을 데리고 왔으나 고쳐 주지 못했다. 그들은 숨고 싶을 정도로 창피했다. 하필 그 순간에 예수님은 변화산에 베드로와 야고보와 요한만 데리고 올라가셨다. 남은 아홉 제자들은 얼마나 자존심이 상하고 소외감을 느꼈을까?

산 아래 남아 있던 아홉 제자들은 처음에는 특별히 할 일이 없어서 예수님과 세 제자가 내려오기만을 기다리고 있었을 것이다. 예수님이 언제 산에서 내려오실지 모르는 상황에서 그들은 지루하고 심심하고 짜증도 났을 것 같다. 그런데 그 때 한 아버지가 아들을 고쳐 달라고 데리고 왔다. 그 아들이 간질로 자주 넘어진다는 것이다. 예수님이 계시면 아무 문제가 없었을 텐데, 아홉 제자들은 참으로 난감했다. 그들도 자기들에게 병을 고칠 수 있는 능력이 없다는 것을 잘 알고 있었을 것이다. 그런데도 아들을 고쳐 달라고 애원하는 아버지의 성화에 못 이겨 그 아들을 고쳐보려고 시도했을 것이다. 열심히 기도하고 안수했을 것이다. 그러나 병은 낫지 않았다. 그의 아버지와 주위 사람들이 빙 둘러 서서 쳐다보고 있었을 것이다. 아홉 제자들은 얼마나 창피했을까? 산에 계신 예수님이 얼마나 원망스러웠을까? 산 위에 함께 있는 세 제자는 또 얼마나 미웠을까?

무능력감과 부끄러움을 느낀 아홉 제자들은 무엇을 했을까? 그들도 처음에는 뭔가를 보여 주려고 했을 것이다. 그래서 자신들의 능력을 나타내고 싶었을 것이다. 그러나 원하는 대로 되지 않았다. 그들은 그 아이를 고칠 수 없다는 것을 부끄럽지만 인정했다. 이 때부터 아버지와 아이를 대하는 아홉 제자들의 태도가 달라지기 시작했다. 그들은 아이를 고치려는 행동 대신 그 아이 그리고 아이의 아버지를 보살피기 시작했다. 아홉 제자들은 실망하고 집으로 돌아가려는 아버지를 붙잡고 말했을 것이다. "죄송합니다. 실망하셨지요. 저희들이 해 보려 했지만 안 되었습니다. 그런데 이제 곧 우리 주님이 산에서 내려오실 것입니다. 주님이 오시면 아드님의 병을 고쳐 주실 것입니다. 집으로 돌아가시지 말고 우리와 함께 기다려 주십시오." 아홉 제자들은 아들로 인해 얼마나 마음이 아픈지의 이야기를 들었을 것이다. 아들을 고쳐보기 위해 백방으로 노력했지만 모든 것이 허사였다는 아버지의 절망스런 이야기에 귀 기울였을 것이다. 동네 사람들로부터 손가락질당하면서 소외당한 이야기, 외로운 이야기에 귀를 기울였을 것이다.

간질로 고생하는 아이를 향해 "나을지어다. 사탄아, 이 아이에게서 물러가라"고 명령하고 호통쳤던 아홉 제자들은 아이에게 다가가서 그의 손을 잡아 주었다. 그 호통이 아이와 아버지를 얼마나 부끄럽게 만들었는지 깨닫고 회개했다. 그렇게 명령하고 소리쳤던 자신들이 부끄럽게 느껴졌다. 그들은 아이와 이야기를 나누고 함께 놀아 주었다. "아이야, 많이 힘들었지? 조금만 기다리면 예수님이 오셔서 너를 고쳐 주실 거야. 너를 축복해 주실 거야." 드디어 예수님이 산에서 내려 오셔서 그 아이를 고쳐 주셨다. 아이가 기뻐하고 아버지가 감격해하는 모습을 보는 아홉 제자들도 기뻤을 것이다.

산 아래의 제자들이 한 일은 주님이 내려오실 때까지 그들과 함께 있어 준 것이다. 진정한 목회 능력은 병을 고치는 것보다 고쳐지지 않는 병 때문에 고통당하고 슬퍼하는 사람들과 함께 있을 수 있는 능력이다. 아홉 제자들이 함께 있어 주었기 때문에 아이와 그의 아버지는 예수님이 오실 때까지 견딜 수 있었다.

목회자들이 있어야 할 곳은 예수님이 안 계셔서 절망하는 사람들이 있는 곳이다. 간질로 시도 때도 없이 발작하는 아이와 그 아이 때문에 가슴이 무너지는 부모들이 있는 곳이다. 바로 그곳이 산 아래에 위치한 교회다. 교회는 병으로 고생하는 아이, 그 아이 때문에 아파하는 부모, 그리고 목회자가 함께 예수님의 오심을 기다리는 곳이다. 우리 주님은 주님의 오심을 기다리는 그곳으로 곧 오실 것이다. 주님이 오실 때, 아이는 치유받고 기뻐하고, 아버지도 즐거워하고, 목회자도 춤을 추면서 기뻐하게 될 것이다.

목회자는 상처 입은 영혼들과 함께 기도하고 말씀을 나누고 이야기하고 음식을 먹으면서 주님이 오시기를 기다리는 사람이다. 목회자는 상처 입은 영혼들과 함께 슬픔과 아픔의 이야기 나누고 그들을 위로하고 격려하면서 주님이 오시기를 기다리는 사람이다. 상처 입은 영혼들은 목회자가 있기에 힘들지만 아픔을 견디면서 주님의 오심을 기다릴 수 있다. 우리 예수님은 기다리는 그곳으로 오셔서 상처 입은 영혼들을 돌봐 주시고 치유해 주실 것이다. 목회자는 상처 입은 영혼들이 나음을 입고 춤추는 모습을 보고 크게 기뻐하게 될 것이다.

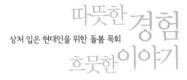

상처 입은 현대인을 위한 돌봄 목회

초판 1쇄   2013년 2월 28일
    3쇄   2017년 6월 21일

손운산 지음

발 행 인 | 전명구
편 집 인 | 한만철

펴 낸 곳 | 도서출판 kmc
등록번호 | 제2-1607호
등록일자 | 1993년 9월 4일
(110-730) 서울특별시 종로구 세종대로 149 감리회관 16층
            기독교대한감리회 출판국
대표전화 | 02-399-2008, 4365(팩스)
홈페이지 | http://www.kmcmall.co.kr
디 자 인 | 디자인 통 02-2278-7764

값 13,000원

ISBN 978-89-8430-598-4 03230